話者の視点がつくる日本語

森田良行

ひつじ書房

まえがき

初めに本書の執筆主旨を理解してもらうため、ちょっとした例え話を紹介する。そして、そこで使われた日本語の言い方を手掛かりに、ことばに関する種々の問題に対してどのように取り組めば日本語への正しい認識が得られるかを理解していただき、著者の考える、表現における人間性の関与の在り方が重要な問題であることをあらかじめ承知して、本文へと進まれることを期待したい。穏やかでない例え話で恐縮だが、読者に考えるきっかけを提示して、本書の解説を進める。

さて、そんな事があっては困るのだが、仮に謎の物体が日本の上空に近づき、日本に落下する確率が極めて高いことが分かったとしよう。そこで、これを海上に撃ち落とすべく迎撃ミサイルで迎え撃ち、無事撃ち落とすことが出来たとする。では、このニュースをアナウンサー諸君は、いったいどのような表現で報道するだろうか。

「日本に接近している謎の物体を無事撃ち落としました。」

文面には表れていないが、「われわれは」とか「わが方は」と自己側を主体とする立場で、何をどうしたかと説明する能動態方式は、どうも日本語にはなじみにくい。このような言い方はまずしないだろう。それでは、より自然な言い方に換えるとすれば、どのように表現するだろうか。恐らく

「謎の物体は無事海上に撃ち落とされました。」

と受動態で述べるに違いない。もちろん、受身を用いているからといって、撃ち落とされてしまったと、「当方」が発射した側に立っているわけではない。にもかかわらず受身で表すとは、いったいどういう発想に基づいた表現なのであろう。

本来、客体界の対象であるべき謎の物体を、その物体の側から受動態で表現する。これは甚だ興味深い日本人の発想様式で、自分たちの意志的行為として、撃ち落としたという事象を客観的に述べることをしない。飛んでいる物体に視点を置いて、それを主題に、受けの立場で把握する。「幕を切って落とす」ことを「幕は切って落とされた」と受身で言い、「賽は投げられた」「大会が開かれる」「招かれざる客」など能動的な行為を、生じた結果として受動的に受け止める。

自分を主題に立てて「私は」と主張することは、外の世界に対する自らの働き掛けだ。それに対して、客体界の対象をあるがままに受け止め、それを主題に、有り様をわが目でとらえた姿として叙述する。これは外の世界を内なる自己が作為なしに受け止める心の働きだと言える。このような消極的

な受けの表現が日本語の随所に現れることは、本書を読んでいただければ分かることだが、日本人がなぜこのような思考パターンになっていったのか、原因はいろいろと考えられる。

ところで、日本語の実態を俯瞰していくと、この基本の発想が地下茎のように、表現や文法・意味の各面に広く張り巡らされていることに気づく。たとえば言語行為の出発点であり、最も本質的な問題でもある「話し手対聞き手の関係」においても、聞き手たる相手を外の世界の存在として、積極的働き掛けの対象ととらえる「あなた」意識か、自己と同様、共に受けの側に立つ内なる「われわれ」意識か、この弁別が談話における表現にも、文を構成する文法にも、また、個々の語や句を支える意味の在り方にも、深い繋がりを持ってくるのである。話し手が、聞き手はもちろん、話題とする事柄や対象とする事物にいかように対処するか、その把握の在り方次第で、文の意味も語の意味も微妙に変わってくる。これは日本語を分析する者として見逃せない重要な問題なのである。本書でも随所で述べておいたが、表現にあずかる人間を抜きにしては、日本語は語れない。

著者は、日本語研究に手を染めて以来、以上述べたような観点から、さまざまな日本語の問題を分析してきた。談話分析や文章論にかかわる問題もあり、連文論や文法論における諸事項、さらには語義に関する意味論の諸問題など、かなり手広く研究の対象として取り上げてきた。それらは本書と同じひつじ書房の刊行物として二冊にまとめられている。が、本書では特に、今述べた人間とのかかわりあいがいかに日本語の中に浸透しているか、事物に対しての話し手の受け止めに視点を置くと、文法面でも意味面でも、これまで気づかれなかった日本語の姿がどのように見えてくるか、冒頭に紹介した受け手の発想がなぜ日本語として自然なのか、さらに、それが日本の文化的特性として日本人の生活万般に見られるといったことなどを、読者に理解してもらえるよう、意を注いで執筆した。そのようなわけで、本書では文法とか意味とかを特に区別しない。それらの諸問題を総合的に取り扱い、読み物としても興味を持ってもらえるよう、著者の教員生活の中で経験した事例を適宜紹介しながら、出来るだけ平易に日本語の真の姿を紹介したつもりである。何度も繰り返すが、話し手たる人間の心の働きを無視しては、文法も意味も語れない。このことを悟っていただければ、著者の執筆の意図は果たされたと言ってよいであろう。

なお、本書を執筆した契機ならびに経緯については「あとがき」に詳しく述べておいたので、合わせてお読みいただければ幸いである。

目次

第一章　日本語の発話は人をどう待遇するかで始まる

一、外国人が驚く「ね」「よ」等の間投助詞

外国人相手の日本語の授業を受け持っていたときのことである。フランスから来ていた女子留学生が夏休みに入る前、「先生、今年の夏は久しぶりに国へ帰ることにします。」と言うので、「じゃ、ゆっくりバカンスを楽しんでいらっしゃい。」と答えて、教室を後にした。さて、九月に入って、秋学期の最初の日、「皆さん、夏休みはどのようにして過ごしましたか。」と問い掛けると、例の生徒が「先生、私フランスに帰って、家族や友達たちに『あなたのフランス語は変だ』と笑われてしまいました。」と、にこにこしながらそう言う。「一体どうしたのですか。」「私、確かにフランス語でしゃべっているんですが、その所々に『〜ね』や『〜よ』を無意識のうちに入れて話しているらしいんです。」「まあ、それじゃあフランスの人たちに笑われてしまいますね。でも、それはそれだけあなたが日本語の世界に慣れて、自分の母語まで日本語的になってしまった、日本語が上達した証拠じゃありませんか。フランスのご家族には悪いけれども、喜ぶべきことじゃないでしょうか。」と言って、その日の授業

に入った。

一般に今の日本語は言文一致だと思われているが、決してそうではない。不特定多数を読み手として想定する書き言葉（文章）と、特定の相手に対して語り掛ける話し言葉（談話・会話）とでは、発話の発想が根本から異なる。談話では、常に聞き手を意識して、その聞き手に対して念を押すようにしながら話を先へ先へと進めていく。途中で相手が理解にとどこおれば、会話は先へは進まない。その念押しの気持ちが「～ね」や「～よ」のいわゆる間投助詞として発話の節々に現れる。だから、留守番電話などで一方的にしゃべりまくらなければならない、念押しの機会の無い発話では、どうしてもぎこちない不自然な話し方とならざるを得なくなる。日本語の発話は、相手を聞き手として設定し、その相手と自分との関係を常に意識しながら言葉選びをしていく、はなはだ人間的な言語だと言っていい。

そのよい例がいわゆるコソアドと呼ばれる指示語の使い方だ。「コソアド」と言われるように、「これ」だの、「ここ」だの、「こちら」「この」「こんな」などの「こ」の部分を「そ」や「あ」「ど」と入れ替えて、さまざまな指示表現を行なっている。

ところで、その昔、台湾から来られた某先生が「あなたの大学で作られた日本語の初級教科書に『そこは教室ですか?』『はい、そこは教室です。』という問答の文型例がありましたが、『ソ』の質問には『コ』、『コ』の問い掛けには『ソ』と答えるのが日本語の原則ではないのでしょうか。『ソ／ソ』で指しあう場面とは、一体どういう話題の場面ですか。」と質問してきた。

ああ、それはですねえ、例えば廊下を歩きながら校内を案内している場合、お客さまが「そこは教室ですか？」と聞いたようなときには、話し手も当然お客さまと同じ廊下にいるわけですから、話し手から見ても教室はお客さまと同じ「ソ」の領域として受け止めることになるんです。

この答えに相手も納得したようだったが、考えてみれば、同じ「コ」や「ソ」で指した事柄でも、相手も自分と同じ場面にいるのだと意識したときと、別々の場面、あなたの場と私の場とは違うんだ、両者は分かれているのだと意識する発話とでは、受け答えのことばも「コ」を使うか「ソ」を使うか分かれてくる。こんな些細なことば選びも、常に聞き手との関係に縛られていて、聞き手を抜きにしては日本語は語れない。

二、「〜た」で確述意識を表す日本語

教師稼業を長くしていると、町を歩いていても、駅で電車を待っていても、ときどき「あ、先生、お久しぶりです。」と声を掛けられる。講演会などの聴衆も含めれば、今まで何千人もの人々と接しているわけだから、挨拶されても相手を覚えているわけではない。ましてやその方の名前など出てくることは極めて稀だ。そこで「失礼ですが、どなたでしたか？」と慇懃に名前を尋ねる仕儀となるわけだが、「青木です。覚えていらっしゃいますか？」と言われても、思い出せない場合が度々だ。「ど

ちらの青木さんで?」「六年前に、××大学で先生の授業を受けた青木××です。」「あ、そうでしたね。どうも失礼しました。」と、その場はお茶を濁すのだが、それで思い出せることは滅多にない。

さて、ここで「どなたですか?」と言わずに「どなたでしたか?」と「た」形を使い、「あ、そうでしたか。」と、また「た」形を使う。「た」を付けることによって、あなたは初めて会う未知の人物ではない。既知の間柄でお名前も承知しているはずなのだが、あいにく失念してすぐには出てこない、といった相手を立てるニュアンスが生まれてくる。「あ、そうでしたね。」にも、同じニュアンスが認められる。「ああ、そうですね。」の代わりに丁寧な「そうでしたね。」を使い、相手に不快感を与えかねない「どなたですか?」を避けて「どなたでしたか?」と持ち上げた言い方を選ぶ。このように対相手意識は日本語表現の根底にあって、ことば選びや発話形式を定める重要な因子となっている。

「た」を用いた表現についてもう少し詳しく見ていこう。仕事先でつい出過ぎた真似をしてしまい、思わぬ目に遭ったとする。そこで諺「犬も歩けば棒に当たる」を比喩的に用いて、「犬も歩けば棒に当たったよ。」と述べたとき、話者の気持ちは、諺の持つ概念的な意味を叙述の内容として、それを実生活における具体的な事例という個別的な事象として振り返り、間違いなくそのような事実が成立していると判断する。「た」を付けない諺の形は、「じっとしていれば何事もないが、出しゃばると思いがけない目に遭う」という人の世の一般論をただ示しているだけであるが、「当たった。」と「た」を伴うことにより、事の具体性と確かなものと受け止める話者の心理とが表現に込められる。一般に「た」の文型は過去や完了を表すものと考えられているが、実はそうではなく、その事が間違いなく成立しているよと認める話者の意識の表れでしかない。ただ、話題としている事柄が過去のことである場合には、その事象を振り返って、それの成立を確かなものだと認識する結果、回想の意味合いが「た」形に付随することとなる。例えば、道が分からなくて困っていたとき交番が目に入って、「あ、あそこに交番があった！」と「た」形で叫んだ場合、これは単なる発見の「た」、間違いなく今そこにあるという認識の「た」で、過去でも完了でもない。しかし、もし、「昔は確かあそこに交番があった……」と言えば、以前の話ゆえ、回想の意識が「た」に付随してくる。このように、「た」は事柄の時とは関係のない、話題に対する話し手の意識の問題であるから、時とは関係のない、「名簿で調べてみたら、先生のお宅にファックスあったよ。」「あ、来週の火曜日は会議が入ってた！」のような例も生じてくる。過去にファックスがあったのではない。現在あることを、また、来週会議が入っていることを今、認識した「た」なのである。この「た」が事柄ではなく直接相手に向けられたとしたら、どうなるか。

おい隆ちゃん、降りた、降りた、降りなきゃ登って行って引きずり降ろすよ、と怒鳴っても、益々むささびのように樹にへばり附いていた。

（野上彌生子「哀しき少年」）

明らかに樹から降りることを相手に対して促す強い命令、間違いなく降りるんだぞと詰め寄る、およそ時とは関係のない、聞き手に求める心のなせる業であろう。

三、対人関係に根ざすさまざまな行為

聞き手に何かを求めたり命じたりする行為の語彙は日本語には多い。このことは裏を返せば、相手をどのように待遇するかで種々ことばを使い分けている証拠とも言える。例えば相手に、こちらの求めに応じるよう無理に頼む行為として、「せびる」「せがむ」「ねだる」「たかる」など、あまり感心しない一群の動詞が存在する。このうち「たかる」は高圧的で、相手の意志とは無関係に有無を言わさぬ点で他の三語とは差があるので除外するとして、一般の国語辞典類では他の三語の差をどう説明しているか。「せびる」も「ねだる」も、欲しい物が与えられるように無理に求めるというのに対し、「せがむ」は「おんぶしてとせがむ」のように、希望をかなえるよう無理に頼むといった行為の要求にも用いられる点を特に強調して、その差を際立たせている。もちろん辞書によっては、「ねだる」について「甘える態度の時にも、ゆすりがましい時にも使う」(『岩波国語辞典』)のような解説を加えているものも見られるが、求める側と求められる側との人間関係、つまり求める相手をどう待遇するか、話者の意識の問題を正面に据えていない。語彙選びはその折々の話者の心の有り様の反映であるから、人間関係の客観的状況とあわせて主観的な待遇意識にも踏み込んで行かなければならない。

このような目で見ていくと、話者のその折の主観としては、「せびる」は「一万円よこせとせびる。」のような脅しの立場から考えて、弱者に向かう強者の意識、あるいは上位者意識で、一方「ねだる」は、「子供がお菓子ちょうだいとねだる。」など、お願いする立場、つまり強者に対する弱者(下位者)の

意識で、この点は「せがむ」も同類であろう。しかも、「せびる」が高圧的な脅すという手段でかなり乱暴に要求するのに比べ、「ねだる」には、相手に不快感を与えない程度に甘えたような物言いが、「せがむ」にはさらに子供のように聞き分けなく迫る状況が対人行為の有り様として醸し出されている。話者の対人待遇意識を抜きにしては、ことばの意味は語れない。

対人意識といえば「恥ずかしい」「照れくさい」「きまり悪い」や、類義の「ばつが悪い」「面映ゆい」さらに「穴があったら入りたい」「身の置き所もない」の句形式の表現まで、羞恥心を表す言い方も実に多い。さらに広げれば、「気まずい」「間が悪い」「引っ込みがつかない」「みっともない」「格好が悪い」など、人目を気にする言い方のなんと多いことか。これらはいずれも、そのような心境に陥る状況の差ももちろんあるのだが、そのような状況に置かれた当人が周りの人々に対して己をいかに受け止めるか、その心理状態の微妙な違いをそれぞれ言い表していることばだと言ってよい。例えば、大勢の前で自分の作文をひどく褒められて「恥ずかしい」思いをし、その褒められたことを誰かが他の人々に告げ報せているのを見て「きまり悪く」、ましてや自分の口から褒められましたなどと言うのは「照れくさい」ものである。事柄の成り立つ状況に加えて、その場の人々、周囲の人間対自分との力関係がその折の心理状態を決定して、恥ずかしさやきまり悪さ、照れくささなどを醸成する。もし己が周囲の人々より圧倒的な上位者であるとの自信に満ちた強い意識に支えられているとしたなら、このような弱者の感情は生じないであろう。褒められて当然と思う対人意識には、恥ずかしさは存在しない。

かつて某留学生君の作文に「彼は恥ずかしくて、穴があったら入りたいです。」という誤用文があった。「穴があったら入りたい」という気持ちは他者に対する己の意識で、「彼」のような第三者の心境描写には使えない。「彼は恥ずかしくて、穴があったら入りたい思いであった。」と説明的に述べればよいのだが、対人関係において相手をどう待遇するか、その相手にどう己の心をぶつけるかは、あくまで話者自身のその折の待遇意識に根ざしている。「穴があったら入りたい。」のような、外なる相手に己の心を披露する表現と、「(彼は)穴があったら入りたいのだ／入りたい思いだった。」に見るような、客体化された外の世界を傍観的に叙述する表現とを厳格に区別する。それが日本語の世界である。

四、受給や使役の表現に見る日本人の対人関係

受給表現とはいわゆる「やりもらい」、人から人へと物や厚意を「やる」もしくは「あげる」と、人から「もらう」「くれる」の授受を表すこれら表現をいう。物の授受なら「与える」とか「授ける」「恵む」や「授かる」「受け取る」などいろいろあるが、「やりもらい」の特色は、行為者同士の人間関係と、話し手の視点とが絡み合う点にある。かつてインドネシアのバンドン市にある大学に赴任していたときのことである。現地の日本語の先生から「なぜ日本人は『先生が生徒に日本語を教えました。』と言わずに、『先生は生徒に日本語を教えてあげました。』と、回りくどい表現をするのですか。」

と尋ねられたことがある。確かに「先生が生徒に教えた。」のような二者間での行為の成立をただ端的に述べるだけの言い方を日本人は好まない。これは先にも述べた、外の世界での出来事を傍観的に叙述するだけの無味乾燥な表現を避けたがる日本人の言語感覚によっている。その事象を話し手自身がいかに受け止めているか、自分と、与え手もしくは受け取り手との人間関係を下敷きに、どちらの人物の視点に立つか、つまり両人に対する話者の待遇意識の味付けがなければ、何とも表現として落ち着かない。それがこの「やりもらい」の付加に繋がっていると言っていい。

「生徒に正しい言い方を教えてあげた。」と己の行為について用いるだけでなく、第三者同士の客観描写にも、どちらかの人物の立場に視点を置いて「先生は生徒に正しい言い方を教えてあげました。／教えてくれました。」「生徒は先生から正しい言い方を教えてもらいました。」と丁寧に述べる。話者が話題の中の人物をどう待遇しているかで三通りの表現を生み出しているのである。

一般に授受表現は、恩恵付与の精神を行為のやりとりに添えるものと説明されているが、相手側にとって受益かそうでないかは事柄の内容次第で決まることで、根本の精神は、登場人物に対して話者がいかに待遇するか、その意識の発露なのである。相手に行為が直接及ばなくとも、相手に負の待遇をする意識から「えい、自殺してやる。」と自暴自棄のことばを吐き、逆に正の待遇となれば「きっと合格してやる。」の強い意志表現となる。これは「合格してみせる。」と等価の表現で、行為が間接に相手に及ぶ「人々を驚かせる」「あっと言わせる」「羨ましがらせる」など「せる／させる」の使役表現とも相通する問題だが、この点については後程触れる。

「もらう」にも負の待遇として「勝手に人の部屋に入ってもらっちゃ迷惑だ。」などの例が見られるが、「くれる」は時代劇などでよく耳にする「えい、成敗してくれる！」などの例が僅かに見られる程度で、負の例は多くない。「やる」と「もらう」は「私は〜」の立場で述べる授受表現ゆえ、相手への待遇がコントロールできるが、「くれる」は他者を行為者として「その人が、この私に……くれる」という、当方の意志を超えた他者主体の表現ゆえであろう。

「じゃあ、ここでしばらく仕事をするから、当分は、おれが鵠沼にきていることはほかには教えてくれないでほしい」と念を押すように言って……

（清水きん『夫山本周五郎』）

「教えないで」ないしは「教えてあげないで」と言うべきところであろう。「これお前にくれてやる」などと同じく、恩恵を受け取る側に視点を移した珍しい使い方である。

使役の助動詞と言われる「せる／させる」も、人をどう待遇するかで種々の使い方が生まれる点は「やりもらい」と似ている。自分が先に帰るとき「お先に帰らせていただきます。」と儀礼的に言うのは、相手を目上として立てて、その許しを乞うという発想からで、その結果、この「せる」は許容の意味となる。話者の意識の中に、相手をどのように待遇するかの揺れがあって、それによって表現形式の選択を行ない、また、同じ形式であっても、文意が待遇の仕方に合わせて動いていく。母親が夫に次のように言ったとする。

「いつも太郎ばかりで気の毒だから、たまには次郎にも行かせましょう。」

もし親の慈愛の関心が太郎に向けられているとしたならば、太郎を手厚く待遇する意識から、「いつも嫌な用事を太郎にばかり押しつけて気の毒だから、たまには交替させて次郎に行かせることにしましょう。」という文意となる。これがもし次郎を憐れむほうに向けられていたならば、どうなるか。「子供が行きたがるそこへ、いつも太郎ばかり行かせて、次郎が気の毒だから、たまには太郎に替って次郎を行かせることにしましょう。」という意味になるであろう。「行く」という行為が子供たちにとってうれしいか、うれしくないか、その違いが二人の子供に向けられる親の心の有り様を左右し、全体の文意に大きな影響を与えていく。うれしくない場合には、「気の毒だから」の感情は太郎に向けられ、「次郎にも行かせよう。」は使役の意味となる。一方、うれしいことなら、「気の毒」は次郎に対しての感情で、当然「行かせよう」は行くことを許し認める許容の「せる」ということになろう。つまり先の例文は複数の意味を含む「あいまい文」で、両義文と呼ばれている。両義文も人をどう待遇するかで生ずることが間々あるのである。

「せる／させる」は時に人や物をどう待遇するかで、その待遇意識の高さゆえに己の立場と結びつけて、事のなりゆきを己の責任や手柄としてとらえる日本語独特の人間味ある表現を作り出す。例えば子供が事故で亡くなった場合、親は己の側に視点を置いて「子供を事故で亡くした。」と言うであろう。客体界の出来事としてではなく、あくまで己の問題として、内なる「自己」対「子供」間での出来事という己と結びつけた、己側に生じた事態として受け止める姿勢で貫かれる。そのため、「子供の事故死」といった客体界の出来事を傍観的に眺める態度とは程遠く、己の問題、己の身の上に起こった出来事という、「己」に視点を置いたとらえ方に徹する。そこから、話題とした人物の死を己がいかように待遇するかの問題が生じてくる。極端に冷めたとらえ方をすれば、

占領してからも敵は二回も逆襲して来ました、もちろんこれを撃退しましたが残念ながら、とうとう私の小隊も兵隊を五人殺しました、負傷者も十六名ほど出しました、と黯然として言った。

（火野葦平「麦と兵隊」）

のような言い方も可能だし、逆に、極端に高く待遇すれば「兵隊を五人死なせた」と「せる」を用いて「死ぬことをむざむざ許してしまった」の責任意識を表に出した言い方も可能である。「子供を事故で亡くした。」を「死なせた。」と言い換えることによって、客体界の出来事が己の身に取り返しのつかない影響を与えたといった発想から、己の不注意といった自己側の責任によって取り返しのつかない事態を招いてしまったとの発想へと転換する。どの表現を取るかは、他者の死という事態をどうとらえるか、それは結局他者をどう待遇するかの問題にかかっている。

対象が人間でなくとも「ご飯を腐らせてしまった」の責任意識から、さらには「セメントを固まらせた」と自然推移の結果さえも己の支配下で事が動かされる自己の視点中心の表現が幅を利かせる。

人の死や物の腐りといったマイナス状態ばかりとは限らない。「子供を有名大学に合格させた。」など、明らかに子供自身の努力の結果でも、親は己の視点から、そのようなプラス状態を実現させたと手柄意識を持つ。これも「せる／させる」の術である。美声の「聞かせる喉」など、この発想の延長線上にあると言ってよい。

五、対人関係観念が語感の多彩さを生む

事柄のプラス状態やマイナス状態は、本来その客体的事象を受け入れる人間側の感覚や価値観に基づくものであって、「合格」や「不合格」自体は単なる社会の現象でしかない。教師側が「あの問題児がうまいこと不合格になってくれて助かった。」と言えば、この「不合格」はプラス評価の事態となろう。その話者の置かれた状況や場が事の是非を左右する。このような、事柄や事物そのものによる評価の有り様は、それを指示する場合、よりプラス性の語彙選びを行なおうとするのは自然のなりゆきである。「便所」と言うといかにも不潔で不快感を相手に与えるゆえ、「お手洗い」と間接に指し、さらにより語感の上位の洋語(外来語)「トイレ」を選ぶ。語感の第一は「快／不快」の感覚に由来する、その語のイメージする感覚意識で、これには本来、不快感を意味する「蒸し暑い」(「暖かい」に対して)や「ぬるい」(「温かい」に対して)など、その語そのものの意味に万人共通の評価性が伴う例も、もちろん見られる。「葦」は「善し悪し」などと言うときの「あし」に通ずるところから「よし」と

言い換える、いわゆる忌み言葉も、この種の語感の形式化されたものと考えられる。

語感の第二は、同じ指示対象に対して用いられる種々の言い方で品格に上下が生ずる場合、そのプラスまたはマイナスの表現形式に伴う品位のイメージである。複数の相手に「あなたがた」と言うか「おめえら」と呼ぶか、当然、後者は下品な語感を伴う。「私」に対して「こちとら」のように一方が普通の表現（ニュートラル）、他方が品格の下がるという場合のほか、「みまかる」に対して「くたばる」のような雅語と俗語の対立、上品・下品の語感の対立を持つ語彙も結構多い。

日本語には人称にかかわる語彙が豊富である。特に自称（一人称）と対称（二人称）の語はきわめて多い。ということは、対聞き手間の意識の在り方次第で「おれ」と言ったり「僕」と言ったり、あるいは「私」「わし」「おいら」「拙者」など、話者がその折の場面や相手をどうとらえ、また待遇するか、発話の中での言語意識によって語の使い分けを行なう。これは対称において特に著しい。「あなた」「お宅」「君」「お前」「貴様」「てめえ」などの差は語感の相違を招き、呼ばれた相手にとっては、話し手がこちらをどの程度に待遇しているかがわかる。語感は単に語彙レベルでの言語事項と割り切ってはならない。

第三は、相手や対象の同じ状況に対して話者がどう評価するかによって生まれる語の使い分け、評価性に基づく語感で、例えばある人物の行為を「慎ましい」と述べるか「引っ込み思案」と表現するかで分かれる、話者の評価判断による語彙選択である。同じ性格でも「真面目」と言うのと「くそ真面目」と言うのとでは、受ける側の印象はまったく異なる。「鷹揚」に対して「けちんぼ」など、プラスの評価かマイナス評価かは、聞く者に語感の差を通り越して、人物評価にまで立ち入らせる。

指示対象に基づく快・不快の語感から始まって、話者の教養や品格に支配される上品・下品の語彙選び、このような表現形式の選択といった言語活動の範囲での語感の問題から、さらに対象への評価といった把握の在り方に由来する社会生活での行為まで、一口に語感と言っても、その意味する範囲はきわめて広い。が、いずれの場合にも、話者の意識的な判断か人間性の自然の発露によるものかはあるとしても、聞き手や相手に対する待遇の在り方といった対人関係の出発点が、語感にかかわる語彙選びに結果として影響していることは間違いのない事実である。そのように考えると、自らが使うことばの語感は、あくまで表現者本人の責任であると言えよう。

第二章　評価の意識が表現を支える

一、「相変わらず」に見る評価の観念

もうだいぶ以前の話である。著者がまだ現役で、大学の研究室にいたときのことである。その研究室は窓に向かって机があり、執務中は廊下を背にして座るようになっている。昼休み、いつものように教務の仕事に没頭していると、ドアをノックする音がする。すぐには手が離せないので、仕事をしながら「どうぞ！」と声を掛けると、誰かがドアを開けて私の背の方に近付いてくる。コツコツという靴音から察すると、どうやら男の人らしい。と、突然、その誰か分からぬ人物が私の背中の方から抱きついて「先生、お久しぶりです。先生は相変わらず早稲田の先生ですか。」と問い掛けてきた。びっくりして相手の顔を見ると、すっかり立派な紳士になってはいるが、十年ほど前に教えたことのあるカンボジアの学生であることが、面差しから察せられる。たぶんあちらの習慣で、親しみの気持ちから、抱きつくようにして挨拶をしてくれたのであろう。喜ぶべきことなのだが、それにしても「相変わらず早稲田の先生ですか。」には参った。親しい友人なら「相変わらずで悪うござんした。」

とでも言って笑って済ますのだが、何しろ当方の教えた日本語で真面目に挨拶をしてくれているのだから、笑って済ますわけにもいかない。これは、そのようなおかしな日本語を教えたこちらに責任がある。試しに国語辞典を引いてみたら、「相変わらず」の項には次のような説明があった。

(副) 今までの通りで変わらない様子。「~だね・相変わりませず」　(『新明解国語辞典』第三版)
(連語) 今までのとおり。いつもと同じように。「皆~元気です」　(『岩波国語辞典』第四版)

なるほど、これでは「相変わらず早稲田の先生ですか。」と使っても間違いということにはならないはずだ。私は彼が学生時代の時から変わらず、今までどおり早稲田の先生を続けているのだから。だが、どう考えてもこの日本語はおかしい。なぜおかしいのか。私たちが「相変わらず」と言う場合、「もう四月だというのに、この地方は相変わらず寒いね。」とか、「入社後ずいぶん年が経つのに、相変わらず平《ひら》か。」のように、その後の時の経過から見て何等かの変化を期待しているにもかかわらず、現状は以前と同じで当方の予想や期待に反している。あるいは「相変わらずのご活躍、何よりです。」先の辞書の例「皆、相変わらず元気です。」に見られるように、その後の年月を考えれば、当時の状態を保ち続けているとは考えにくいが、現実は少しも変わらぬ状況にあるという驚きや安堵感を下敷きとした表現だと言えよう。辞書の記述のような、以前どおりの現状であることを述べるだけの言葉ではない。つまり、「相変わらず」と言う以上、必ず以前のその折の状況に対して何等かの評価をしていて、その後の時の経過からその評価のレベルが変動しているはずだ、現状はもっと良くなっている、もしくは下がっているとの予想とは裏腹に、少しも変化していない「以前どおり」「今までどおり」という評価の意識に裏打ちされた表現だと言ってよい。話題とする対象の変化のない状態をただ述べるだけの、そんな突き放した態度ではない。その対象や事柄に立ち向かう話者の評価意識、時の経過にもかかわらず、その評価がいっこうに変わっていないという話者の意識の有り様を表した言葉である。このような話し手の心理・感情に裏打ちされた語を、それを使う表現者の心に目を向けないで、ただ辞書の意味記述のように、客体界の状態にだけ目を奪われていては、いつまで経っても教育に役立つ日本語研究は芽生えてこない。これまでの意味説明は、要するに人間不在の言語研究の産物だったと言ってよかろう。

発想の根底にあるものは使用者の視点である。使用者の視点において、その折その語を用いたのであるから、一つ一つの単語は表現者という「人間」による把握の在り方の反映と考えてよい。つまり表現の一翼を担う個々の語は、社会共有の認識とは別に、表現者個人の対象把握、その対象をいかに受け止め、どう評価するかなど、そのような個人的な語感や評価の味付けがなされている。したがって、言葉の意味を考えていくには、語彙レベルでは不十分で、文章・談話のレベルでの視点が求められるのである。同じ「相変わらず」でも、プラスの評価方向を予想したにもかかわらず現状は以前と少しも変わらぬ状態である場合と、逆に、マイナス評価の方向の予想を前提とする場合とがあるように、その判断は話の前後関係や場面・文脈で決まってくる。もっとも、語によっては、初めから評価の方向がどちらか一方向に定まっている例も見られる。例えば「一方だ」などは、「病気は悪くなる一方だ。」と、もっぱらマイナス評価の方向への移行に使われ、「良くなる一方だ」などとは普通は言わない。快復しては困るといった良からぬ意図でもあれば別だが。「不幸が相次ぐ」「不祥事が後を絶たない」「再三注意したにもかかわらず」「まんまと騙された」なども、多くはマイナスの評価を下す事態の生起に使われるようだ。

これらの語は、事態の変化や生起といった客体界の状況を、ただ取り立てているのではない。表現者が事態をどう評価し、どうとらえているのか、あくまで外の事柄を眺める人間側の心の有り様をことばとして表しているのだ。

こんな経験がある。外国人の若手の先生方が自主的に研究会を設けて、接続詞の使われ方を調べて一冊にまとめてみたいということで、その指導相談役に駆り出されたことがある。ゼミ形式で各自がいくつかの語を分担し、例文を作って持ち寄り検討する。その座に招かれたのである。ある日、比較的日本語に堪能な先生に順番が回り、いくつかの語について発表したのであるが、その時「おまけに」という話し言葉的な接続詞について、

あの人は小説家で、おまけに政治家です。

という例文を作ってきた。この例文を見たとき、何となく座りの悪い表現だなと感じたのだが、さて、

ではなぜ日本語として落ち着かないのか。そのわけを考えてみた。「あの店のランチは安くて、おまけにボリュームがある。」「警察でさんざんしぼられて、おまけに罰金まで取られた。」（共に著者の『基礎日本語辞典』掲載の例）なら確かに落ち着く。思うにこれら二例は、話し手がまず一定の評価を下した事態に、さらにもう一つの事態が加わって、ますます評価の度を加えるといった発想の文だから「おまけに」が使えるのだろう。プラス・マイナスいずれの場合でも、このような評価の意識での累加でなければ具合が悪い。先の、小説家と政治家の二足の草鞋を履いている事態には特に話者の評価意識は感じられない。それでこの文がしっくり来ないのであろう。「あの人は文章がうまくて、おまけに弁も立つ。」なら、もちろん日本語として合格である。このように句や文を結ぶ接続詞にも、話者の視点、評価の意識が下支えとなっているのである。

二、評価の観念が逆接の表現を生む

一般に逆接の意味関係というのは「前件から予測される事柄が後件において実現されない関係にあること」（『新明解国語辞典』）と説かれている。では、次の二つの文はどうだろうか。同じ前件であるにもかかわらず、後件がまったく反対の内容になっている。ということは、これらの文が正しい日本語である以上、「前件から予測される事柄」という点で、両者は相違しているということになる。

(a)いいお値段よ。でも、物はいいのよ。
(b)いいお値段よ。でも、物は良くないわ。

前件から予測されるということは、事柄の内容そのものでなく、話し手・聞き手の心の内を問題としているということである。ここでは「いいお値段よ。」はその商品の高価さを述べるにとどまらず、そこから受ける印象や予想等、要するに当人の価値判断を問題として、それに対して「でも」と意見を差し挟むのである。したがって、「でも」の持つ働きは、談話の流れの中で話者がどのように状況を評価し判断をしているかの心の動きとして見ていかなければならない。右の例で見てみよう。

(a)の文は、その商品の高価さを問題として、相手が買い控えたくなるだろうというマイナス評価の状態を抱くに違いない。しかし、高いなりに物が良いのだから、買っても損はいかないはずだ。物が良いというプラスの評価を伝えることによって、相手の買おうという意志を肯定する文脈となる。

一方、(b)の文は、高かれ良かれで、高価なら当然物も良いはずだというプラスの評価を下したくなるだろう。だが、実のところは物が良くないのだから、買わないほうがいい。品質の悪さというマイナスの評価を下すことにより、買うべきではないという否定の文脈を生み出す。対象とする商品をいかに評価するかで、まったく正反対の二つの判断が可能というわけだ。以上を談話の流れとして眺めると次のようになる。

(a)いいお値段よ。でも、物はいいのよ。だから、買ったほうがいいわ。
(b)いいお値段よ。でも、物は良くないわ。だから、買うのはやめましょう。

当然、結果として「だから」の後に、(a)は肯定的な、(b)は否定的な意見を引き出すことになる。値段や物の善し悪しといった事柄は対象の客観的な属性でしかなく、飽くまで外の世界の状況で、それらをどう把握して表現に持っていくかに話し手たる人間の内なる主観が作用してくる。「でも」や「だから」で述べられる事柄は、そうした話者個人の評価や判断にほかならない。叙述の中で取り上げられている事柄や事態は無色の題材で、それをどうとらえるかによって、各人各様の色づけがなされていくのである。たとえば

朝六時に家を出た。（　　　）現地に着いたのは九時ごろであった。

これだけでは事実は述べているが、それに対する当人の心が示されていない。括弧の中に接続詞を入れて、前件に対する後件の判断を導くことにより、結果に対する評価が浮き彫りになる。では、一体どんな接続詞が入るだろうか。「だから」「しかし」「そして」いずれも入り得る。だが、どの接続詞が来るかで事態から受ける評価は大きく変わってくる。「だから現地に着いたのは九時ごろであった。」とすると、早く出発したからこそ早く着けたのだというプラスの評価が、「しかし現地に着いた

のは九時ごろであった。」だと、早い出発にもかかわらず到着はなんと九時にもなったというマイナスの評価が際立つ。「そして」ならどうか。条件接続と違って、表現者の気持ちが反映されてこない。ただ事態を順に説明しているだけの解説でしかなく、まったく面白みがない。表現に命を吹き込むのは、言葉の使い手の把握の心が文面ににじみ出ているような何か、特にその事柄をどのように評価しているかがわかる叙述にほかならない。その意味で、順接・逆接の表現を使用するということは、ただ事柄の論理関係を叙述するというのではなく、そこに話し手が己の心の投影として二者関係を示す行為だと言えるだろう。

三、日本語の温度形容詞に見る日本人の評価意識

日本語では温度に関する語彙は多いほうである。温度そのものは低から高へ向かって連続的に上がっていくが、気温なら「寒い／涼しい／暖かい／暑い」、物であるなら「冷たい／温かい／熱い」、さらには、期待した冷たさや熱さに反する特殊な状況として「ぬるい」などもあり、温度表現を豊かにさせている。このように、そのある段階について特定の単語をいろいろと用意しているということは、温度そのものを細分化しているというよりは、対象に接してその折受けた温度感覚を評価の観点からランクづけしている結果と考えたほうが、より実情に合っている。よく外国人に「日本では何度ぐらいを『暖かい』と言いますか。」「『涼しい』と『寒い』との境は何度ですか。」と質問される。そ

んなことは誰も答えられない。日本語の温度形容詞は何度から何度までを「暑い」、それより低い段階が「暖かい」などと分割しているわけではない。よく辞書の解説の中で、⇳の記号で反対関係の意味つまり対義語を示しているが、例えば「暑い⇳寒い」「暖かい⇳涼しい」のように機械的に漫然と掲げてあるのは、いかがなものか。「暑い／寒い」「熱い／冷たい」という対立関係は気温や物質という客体的な対象上の両極の様態でしかなく、その温度を感じる当人の視点という観点から言えば、「寒い」や「冷たい」の対立的位置にあるのは決して「あつい」ではない。例で見よう。

「寒い屋外／暖かい暖炉のそば」。比喩的な「懐が寒い／懐が暖かい」
「冷たい北風／暖かい南風」「冷たい布団の中／暖かい布団の中」「冷たい寒中水泳／温かい温水プール」。比喩的な「心の冷たい人／心の暖かい人」
「暑い日向／涼しい木陰」「熱い風呂／ちょうどいい風呂」

「寒い」「冷たい」「暑い」「熱い」はいずれもその事物に接する人間側がマイナスの評価としてとらえた温度感覚。もしプラスの評価としてとらえれば「あたたかい」「涼しい」と言うはずである。「寒い」「冷たい」の対立的位置にあるのは、人間の感覚としては決して「あつい」ではない。「あたたかい」であろう。同様「暑い」に対しては「涼しい」と言うにちがいない。これを図に示せば次のようになろう。

（一）	（＋）
寒い／冷たい	あたたかい（暖）（温）

（一）	（＋）
あつい（暑）（熱）	涼しい／？

ところが、時として右の評価とは異なる例が現れる。

「暑い真夏に飲むあの冷たい冷えたビール。」「真冬の冷えた体にこたえられない熱い汁粉。」

これらはどう考えても、プラスに評価された「冷たい」「熱い」である。右の図とはまた別の用法であるにちがいない。これをマイナスで評価すればどうなるか。おそらく「ちっとも冷えてないぬるいビール。」「すっかり冷めたぬるい汁粉。」と、「ぬるい」で表す。そこで先の図に加えて、次の図を示すことになる。

（＋）	（一）	（＋）
冷たい	ぬるい	熱い

冷たい物を温めて温度を上げていけば熱いに到達する。温度に関して言えば「冷たい／熱い」は確かに客体界の対立的実態にちがいないが、言語による人間の認識内容とは別物である。このように見ていくと、客体的な外の存在とは別に、それらを把握する人間側の心の内の有り様にも目を向けなければならないことに気づかされる。そこで、心の内の有り様を評価対象とする例へと話を進めることにする。

四、多彩な日本語副詞に潜む評価意識

再び日本語教育の現場での経験談に戻るが、ある時、新しく出た国語辞典を教室に持ち込んで、辞書を使っての精読法の授業を進めていた折のこと、その国語辞典に興味を持ったらしい一人の留学生が、突然、次のような質問をしてきた。

「先生、その辞書はまずいくらぐらいですか？」

聞いた瞬間、不自然な日本語だなと感じ、その原因は「まず」の使用にあると考えて、そういう場合には「まず」は使えない旨、答えたのであるが、どうも誤用の原因は国語辞典の記述にあるらしい。手元の辞書で「まず」の解説を見ると、次のようにある。

①第一に。最初に。②ともかく。何はともあれ。「～お茶を一杯・～はお礼まで」

③大体。「～まちがいない・無いと見てよい」（『新明解国語辞典』第三版）

①先に。最初に。「～金が必要」何はともあれ。とにかく。「～お茶を一杯」

②まあどうやら。恐らく。「これで～（は）大丈夫」（『岩波国語辞典』第四版）

明らかに箇条書き的語釈に終始し、その各々の語釈の底流にある全体を統括する基本義が何一つ語られていない。それらの文脈的な意味にほぼ相当する他語への置き換えで事足れりとせず、仮に別の語に言い換えるのなら、用法上の相違点や注意点をなぜ記述しておかないのだろうか。だから日本語に不慣れな外国人は、③の「大体」を広く解して、「その辞書は大体いくらぐらいですか？」の気分で「まずいくらぐらいですか？」と述べたのであろう。確かに語義の言い換えで考えれば、だいたい右の辞書説明のように、三ないし四の言い換えでほぼ尽くせるかもしれない。今、思いつくままに「まず」の用例を並べて、もっと細かく表現者の心の内にまで立ち入って観察してみよう。

宿に着いたらまず温泉に入ろう。	順序　選択判断	最初に・とにかく
まず最初に問題文をよく読んでください。	〃　〃	最初に・とにかく
まずは御礼まで。	〃　〃	とにかく・一応

まずはめでたしめでたし。	〃	状況判断		とにかく・一応
まずはこれで一安心。	〃	〃		とにかく・一応
この分ならまずもって安心してよろしい。	程度	〃		とにかく・一応
まずまずの出来栄え。	〃	〃		一応の
俺がやればまずはこんなものさ。	〃	〃	（見積り）	一応は・大体
成績はまず七十点というところか。	数量	〃	〃	一応・大体
安く見積もってもまず千円はするだろう。	〃	〃	〃	大体・恐らく
駅まで歩いてまず二十分というところだ。	〃	〃	〃	大体・恐らく
奴は犯人にまず間違いない。	可能性	〃	（推量）	大体・恐らく
沈没したのなら、まず助からないと思え。	〃	〃	〃	恐らく
放っといてもまず大したことはあるまい。	〃	〃	〃	恐らく
ここに隠しておけばまず見つかるまい。	〃	〃	〃	恐らく

「まず」によって導かれる事柄は、初めの三例が「行為」、四番目以下は「状態」の例である。なお、その事柄を細かく見れば、「順序／程度／数量／可能性」ということになろう。これらは飽くまで叙述された外の事柄で、それを把握する話し手の内なる心理内容は次に示した「選択判断や状況判断」で、状況の判断にはさらに見積りや推量の意識が添い加わる例も見られる。つまり「まず」には、事柄自

体はいろいろあっても、それをとらえる話し手側の発想心理はかなり単純で、ある状況に接して、行為なら何を初めにという順序に対しての選択をその場の状況から考え下すことだし、状態的な場合なら、その場の状況から初めに判定できる最も可能性の高い事態を心に思い浮べることである。それが事柄次第で数量的なものなら見積りの判断に、不確かな事柄なら推量の判断に傾くというわけだ。初めに何をなすべきか、どんな状態が初めに脳裏に現れるか、話し手の観念領域の中で真っ先に出てくる事柄に対して、それが可能性の最上位の事項だと判定する結果「まず××だ。」という判断が下される。つまり心理内で評価が行なわれ、その第一序列の事項を己の判断として提示する。それが「まず」の基本的な発想だ。先の用例のいちばん下の段に示した言い換えの例は、仮にそうした外の事態に対応して「まず」によって導かれ状況づけられる心理内容を他の語で言い表わすとしたならば、このような言い換え語が適当であろうという便宜的な方策として提示されている。その特定の事態・心理内容に限っての文脈的な意味として言い換えがなされていると考えていい。それをそのまま辞書の意味記述に使用しても良いものであろうか。

さて、「まず」の発想が、その事柄に対して話し手が頭に描く可能性の範囲のうち、その第一序列と評価した最上位の事項を己の判断として提示する。国語辞典を見たなら、定価がおよそいくらぐらいか心の内で思い描き、高くてもいくら、安くてもいくらぐらいと、想定できる値段の範囲があって、その金額の序列・程度の階層から最上位ないしは最下位の値段を眼前の辞書への状況判断として示す。「高くてもまず××円。どんなに安くてもまず××円ぐらいはするだろう。」と、数値にかかわる判断ゆえ、見積りと推量の心が添い加わる。当人の頭の中に、金額の序列・程度の階層がまったく無い、ただ、そのおよその値段を相手に問いただす

「先生、その辞書はいくらぐらいですか？」

の質問に、「まず」の入り込む余地はない。概数として値段を問うなら、「大体」「およそ」などが適当であろう。

話し手の心の内で対象とする事物に何等かの評価を行ない、判定を下す副詞は多い。それはあくまで表現者本人の主観の問題かもしれないが、さりとて、これを無視して文作りを行なうと、おかしな日本語となってしまう。あるいは、表現者の心と理解とがずれてしまう。例で見よう。

ずいぶん髪が長くて ┬ うっとうしい。
　　　　　　　　　 └ 素敵だ。

なかなか髪が長くて ┬ うっとうしい。
　　　　　　　　　 └ 素敵だ。

非常に髪が長くて ┬ うっとうしい。
　　　　　　　　 └ 素敵だ。

髪の長い状態から受ける心情を「うっとうしい」もしくは「素敵だ」と評価する。もし副詞が無くて、ただ「髪が長くて、うっとうしい。」「髪が長くて、素敵だ。」というだけであったなら、髪の長さと催す感情とを述べたそれだけの文でしかない。しかし、前に一つ副詞が入ることによって、客体界の状況描写ではなく、それを受け止める主体の側の心理状態を評価判断という形で主張する心の表明となる。恐らくこれを聞いた相手は、初めの文なら「ずいぶん髪が長くて……うっとうしい。」とマイナスの評価を、それも髪の長さに「ずいぶん」と感じているにちがいない。真ん中の文なら、「なかなか……髪が長くて素敵だ。」と素敵さを「なかなか」と強調し、プラス評価の判定を下している。最後の文はどうか。「非常に」は特にどちらの判定とも決めかねる、いわば評価面では中立の副詞と考えられる。それゆえ、「非常に髪が長くて」とも、「非常に素敵だ」とも、どちらとも取れるあいまい文となってしまう。たった一つの副詞にすぎないが、表現に占める重要さは量り知れない。それは対象の問題ではなく、それを受け止める表現者の心の有り様を伝える働きの語だからである。

このような、状況や事態に対する人間側の心を映す語は日本語に特に多いが、以下にいくつか紹介して、私たちが日ごろ用いているごく当たり前の表現に、いかに事態の評価・選別の心理が潜んでいるか、その実情を理解してもらおうと思う。

まさか

「まさか」は、そのようなことは絶対に有り得ない起こり得ないという事態成立の可能性だけを問題としているのではない。「顔色もだいぶいいようだから、まさか病気が急変するということもあるまい。」を変えて、「こんなに顔色も悪いのに、まさか急に元気さを取り戻すということもあるまい。」とは言いにくい。可能性のきわめて低い状態の生起を、よもや起こるはずもなかろうと否定する心はどちらも同じである。にもかかわらず後者の例が不自然となるのは、予想外の変化を想定させる対象上の状況とは別に、それを受け止める話し手側の意識面の問題が強く働いているためと考えられる。つまり、生ずるかもしれない変化の事態を想定して、それを極端なマイナス状態と評価して、出来ることならそのような事態の成立を避けたいと思う気持ちが下支えとなっている。だからこそ後に否定の表現が現れる。話し手がマイナス評価の事態として仮想する発想ゆえ、想定される事態そのものは必ずしも客観的な負のイメージだけとは限らない。先の不自然な例でも、保険金詐欺を狙って誰かに毒物を盛っていくような場合なら、「こんなに顔色も悪いのに、まさか急に元気さを取り戻すということもあるまい。」の表現は、十分に成り立つ。健康快復といった一般にプラスの評価となる状態も、この人物にとってはマイナスの評価条件となるためである。


「こんなに好いお天気なのだから、まさかあすは雨など降らないだろう。」

「上司を差し置いて、まさか『お先に失礼いたします』とは行かないだろう。」

「私がノーベル賞だって。」「まさか。」

これらの例も現状の評価をベースとして、後件のような状況が現実となることへの強い否定意識を表している。現状認識の結果からは到底想定できないような事態を仮想するわけであるから、提起される後件がたとえプラスの事柄だとしても、当て外れ、不似合い、不釣り合い、身分不相応、身のほど知らず等と解されるわけで、状況としてはマイナスの評価としてとらえている。右の「こんなに好いお天気なのだから」の例も、雨が降ることへの強い否定意識と共に、好天と雨天とが隣り合うという組合せの突拍子のなさ、その不整合への懐疑という形で負の評価を下している。もし、この例を逆の状態として、

「こんなに悪いお天気なのだから、まさかあすは晴れることはないだろう。」

とすると、何となく不自然に聞こえるのは、「まさか」の持つ強い否定意識、晴天になっては困るという感情が一般常識に反するゆえである。だが、それはあくまで個人の心を離れた客体界の問題でしかない。この表現を取らせた話し手の視点に立って考えるなら、例えば翌日予定している屋外行事をキャンセルするのだが、万一予想が外れていい天気になったとしたらどうしよう、むしろ晴れては困るのだという、予想に反する晴天をマイナスと評価し、晴れることへの期待を否定する発想となる。そのように考えれば、右の文はじゅうぶん成立可能な表現と言える。

このような表現者当人の期待や危惧といった心理的側面を映し出す副詞として、その当人の意図と

は裏腹に、マイナス結果を呼び込む例として「なまじ」「なまじっか」について触れておこう。

なまじ、なまじっか

よかれと思って行なった行為が裏目に出て、結果的に余計なことをしてしまったというマイナスの結果を招く。本来の趣旨はプラス評価であるはずだが、現在のマイナス結果から見て、むしろ行なわないほうがかえって良かったのに、というマイナス判定の評価に入れ替わる。話し手の評価意識を抜きにしては扱えない、はなはだ情味の濃い副詞である。

「なまじ語学ができたため、えらい仕事を仰せつかってしまった。」
「なまじっか株なんかに手を出すものだから、損をしてしまったじゃないか。」

「なまじ」「なまじっか」が積極性の代表とするならば、より控えめな消極性の代表として、「なるべく」を取り上げてみたい。

なるべく

「なるべく」は「できるだけ」とよく比較される。ただ、根本的に違うのは、「なるべく」には、ややもすればマイナス評価の状態に偏りがちの事態を、出来ることならプラスのほうに移ってほしいと願う消極的な期待感が潜む点である。この感情は他者に対しても自己に対しても向けられる。

「なるべくなら出席していただきたいのですが。」

「生産者保護というお説に従って、なるべく国内産を買うとしよう。」

百パーセントを期待ないしは意図していない。ただ、それが当事者にとってプラスとマイナスの評価の間の揺れとなって、実現を消極的にさせている。一方、「できるだけ」は、プラス・マイナスどちらかの方向に赴くにしても、それを実行する気持ちの揺れが「なるべく」に比べて大きい。したがって、その程度によって「なるべく」に近い弱い段階から、「出来得るかぎり」の強い段階まで、幅は広い。

「非常時なのだから、できるだけ我慢しよう。／我慢してください。」

「この際できるだけ生活をエンジョイしよう。」

心理の揺れが、事の実現を消極から積極へと行き来するこれらの語に比べて、次に取り上げる「いっそ」は、思い切って踏み出す決断の意識という点で、選択した方向に評価が与えられる。

いっそ

二者を選択する心理としては類義の「むしろ」もあり、発想にかなりの共通点も見られる。が、「むしろ」は、

「高い修理代を払うくらいなら、むしろ新しいのに買い替えたほうがいい。」

話し手は、修理を捨てて買い替えを選んだとしても、どちらも歓迎しているわけではない。二者選択の関係上、止むを得ず買い替えのほうを評価したままで、いずれも弱いマイナス評価の状況である。どちらかと言えば買い替えのほうがややましといった選択判断と言えよう。もし、ここを「いっそ」に変えたらどうなるか。

「高い修理代を払うくらいなら、いっそ新しいのに買い替えたほうがいい。」

修理のほうが駄目だとわかり、一方を否定して、思い切ってまったく別の道を選ぶという決断の気持ちを表す。前件への評価を捨て去って後件に高い評価を与える発想。特に両者を比較しているわけではない。

話し手という人間の意識を除外しては、ことばの真の意味は把握されないのである。

第三章　人間は語義にどうかかわっていくか

一、日本語は話者の視点と話者を対象とする視点とを区別する

留学生の作文に「彼は恥ずかしくて、穴があったら入りたいです。」という誤用の例があったことは、第一章の第三節「対人関係」のところで紹介した。その折にも触れたことだが、これがなぜおかしいかは、「穴があったら入りたい」というのは、特に断らなくとも、本来そう述べている話し手自身の感情を表している文だからである。つまり第三者の心の説明として「彼は〜」の文に用いること自体、日本語のルールに反しているわけで、どうしても使いたければ「入りたいのだ。」とか「入りたいらしい。」あるいは、「入りたい思いだった。」と、当人の心を解説する態度の表現に変えなければならない。この留学生は、どこかで覚えた、ほやほやの慣用句を使ってみたかったのであろう。それは良いことであるが、例えば辞書などで

穴があったら入りたい……失敗などをして、その場にいたたまれないほど恥ずかしく思う様子。
（『慣用句ことわざ辞典』三省堂）

と説明するだけでは、この留学生のような誤用は避けられない。これは何もこのような慣用句だけに限らず、「うれしい」「恥ずかしい」「懐かしい」「苦しい」「痛い」「眩しい」など感情や感覚を表す形容詞についても言える。「試験に合格してうれしい！」は話し手当人の感情表現。他人なら、先の例と同じように「彼は試験に合格してうれしいのだ。」とか「うれしいらしい。」とするか、あるいは「うれしがる。／うれしがっている。」のように「がる」の力を借りて、自己の感情表明といった主観を、客観的な他者の感情描写へと変える工夫が求められる。接尾辞「がる」を添えることは、一人称主体を三人称主体の文へと移す方途だと心得ておくとよい。もっと専門的に言えば、「うれしい」のような感情の形容詞を「がる」の付加によって動詞に転成させる。動詞化することによって、形容詞の主観性から動詞の客観性へと移行する。だから動詞なら「彼は試験に合格して喜ぶ。」と第三者の感情描写に使用できる。逆に、自分の心を「私は試験に合格して喜ぶ。」とすると何となく変な日本語という印象を与えてしまう。自分を他人扱いしているわけで、何か突き放した叙述との感を拭えない。が、これを逆手にとって、手紙などで、

「新居は郊外の閑静な場所にあり、大変喜んでおります。」

と、自分の感情をいかにも第三者の場合のように「喜んでいる」と意図的に綴る修辞的な叙述の仕方も生まれてくる。「閑静な場所で大変うれしい。」では、あまりに素直すぎて子供っぽく聞こえる。大人の相手に丁重な姿勢で述べるには、やはり「喜んでおります。」と自分を客体化して、感情に距離をおく態度が望ましい。

北京大学に客員教授として赴任していた折のこと、現地の研究者から、

「『涙が出るほどうれしい。』というのは、そう言う本人の感情ですか。もし他人の心を述べるとするなら、どう言えばいいのですか。」

との質問を受けた。すでに触れたように、「うれしい」では具合が悪い。では、「喜ぶ」に変えて「涙が出るほど喜んだ。」とすれば、それでよいのだろうか。どうもそれだけでは具合が悪い。日本人なら恐らく次のように言うであろう。

「彼は涙を流さんばかりに喜んだ。」

「ほど」と「ばかり」、似たような副助詞でありながら、意外と用法に微妙な使いわけがあるものだ。

そういえば、程度の比喩を表す場合、「ほど」は「喉から手が出るほど欲しい。」と自分の心に使い、

「ばかり」は「雲衝くばかりの大男」のように他者のことに用いる。まだまだ研究すべきことがいろいろとあるようだ。

現在の自分の心の内や目に映る情景をそのまま述べる表現と、自分も他者と同じように外の存在として叙述の対象とする表現とでは、性格が大いに異なってくる。「私は涙を流さんばかりに喜んだのであった。」とすると、いかにも他人事のような感じで、このような客観描写は小説などでは見られるが、日常の会話ではまず現れない。ところが、このような自分の過去の姿を対象として、距離をおいて眺める姿勢の文ではなくて、現在の自分を話題として取り上げ、「この私にとっては……」と自分の立場を視点とした文は、ごく自然な日本語としてしばしば登場する。次の(b)の文がそれだ。

(a)星が見える！　(b)私（に）は星が見える。

右の二つの文は、表現の有り様という点で、性格がまったく異なる。(a)は、夜空を見上げて、話し手自身の目に今、星が映っていることを、そうと端的に表明したもの。星影が自ずと視野に入ってくるという非意志で受動的な状態と考えられる。一方、(b)は、「私には／彼には」と星影を受け止める人物を立てることによって、「星が見える」ということがその人物にとっての意味のある状態として叙述される。難しく言えば、その星を見得る能力の所有者として人物解説をする文と言っていい。だから、この文に指示語の「あの」を添えると、

「私には今、あそこに輝くあの星がちゃんと見えるのですよ。」

のように、その現場での指差す気分、つまり現場指示の「あの」として働く。もし、(a)の文に添えたらどうなるか。

「あの星が見えるよ！」

明らかに現場指示ではない。恐らく以前にある星のことについて話題となっていた、その「例の星が今、あそこに見えているよ！」といった状況での文ではなかろうか。著者はこのような指示語を、話題指示の「あの」と呼んでいる。指示語には一般に現場指示のほかに文脈指示があると言われているが、この用法は文脈指示とは異なる。もちろん現場指示でもない。ついでながら、指示語にはこのほか「その道実に五十年。晴れて文化勲章受賞。」の「その」のような、右の指示語のいずれでもない例が稀に見られる。指示しているのは、これから述べる「道」そのもので、過去の話題にも文脈にも存在しない。もちろん話の現場にも存在しない。そこで、これを著者は特に区別して「対象指示」と呼ぶことにしている。

さて、話を元に戻して、叙述に新たに「私には／彼には」を添えて、その人物の能力といった属性所有の文を作る。同じ「星が見える。」の文ではあるが、この二つは似て非なる文、まったく別個の表現と考えたほうがよい。いくつか例を挙げてみよう。

(a)あの庭石は動かせない。　(b)私にはあの庭石は動かせない。

(a)料理がうまい。　(b)彼女は料理がうまい。

(a)彼は来ないと思う。　(b)彼は来ないと思っている。

まず初めの「庭石」の例は、(a)は、話し手が自分の意志とは関係なく、現実がそのような状態であることを、素直に受け止めた表現。「とにかく現状は、動かすわけにはいかない。」という現実の状態を述べた文。それに対して、(b)は、「私には」と人物が立つことによって、その人物の能力という属性描写の文となる。「私の力では動かすことが出来ない。」の意味である。

次の真ん中の文はどうだろう。話題とする対象のその料理が美味であることを、話し手当人が感じたままに述べているのが(a)、「彼女は」と人物を設定すると、「彼女は……うまい。」となって、話し手から見て外の存在である「彼女のうまさ」を叙述する判断の文となる。したがって、(b)の文は「上手だ」の意味の「うまい」である。「うまい」の意味を左右するのは、人物を主題として立てるか否か、つまり文脈や文型である。複数の意味を持つ多義の語は、このように表現者の表現姿勢や視点の在り方で個々の意味が定まってくるのである。

三番目の例は、以上の二例とはちょっと趣を異にする。というのは、(a)(b)どちらの文にも「彼は」

と人物が頭にあるため、一見どちらも(b)方式の文だと思いがちである。だが、そうではない。(b)の文末は「思っている。」と「ている」が添えられている。これは非常に重要な働きをしていることばで、見過ごしてはならない。種明かしをしよう。(a)は「雨が降ると思う。」などと同じく、「彼は来ない」全体を「と」で受けて、「思う」に係っている。話し手自身がそう思っているわけで、「来ないだろう。」とほぼ同じ文意となる。では、(b)はどうか。「ている」が加わると、例えば「雨が降ると思っている。」が第三者がそう思っていることを述べる表現となるように、「彼は」は「思っている」と結びつき、彼は「誰かが来ない」とそう考えている、の意味に変わる。この「思う」は「考えている」に近い意味で使われている。(a)が、私の思う内容が「彼は来ない」ことであるのに対し、(b)は、彼が思っている内容として「誰かが来ない」ことを挙げ、そのように彼の思っている様を、話し手は傍観者として聞き手に伝えているのである。

ここで重要なのは、「……と思う。」のように動詞を生で用いると、話し手本人の感懐の表明となり、それに「ている」を添えると、話題としている対象の状態描写として述べる態度に変わってしまうということである。このことについては、次に「出来る」を例として、詳しく見ていくことにする。

二、多義の「出来る」に見る意味のいろいろ

「食事の支度が出来た。」と言うと、誰でも、ああ、準備が終って、もういつでも食べられる状態に

なったのだと、そう解釈する。「出来た」は「出来上がった」、つまり完成した、もしくは完了したの意味であると誰しも疑わない。私から見て、話題とする事柄が呈するその状況を、そうだと受け止めて言葉にする表現だからである。前に触れた「星が見える！」の例と同じである。

ところで、例の調子で、この文の初めに「私は」か「私には」を挿入してみよう。文の意味はどう変わるか。

「私は食事の支度が出来た。」

明らかに文意は変わってくる。「出来た」の主体が「食事の支度」から「私」に移って、「私は出来た。／何が？／食事の支度が。」の構図となり、支度をする行為を為し得たという可能ないしは能力所有の意味に転ずる。対象とする人物（ここでは「私」）の、「食事の支度が出来る」という能力の所有状態を客観的に叙述する態度の文へと移るわけである。私から見た外の情景・状況をただ在りのままに述べる文には「私は」の現れる余地はない。それに「私は」を加えるということは、外の状況ではなく、自分を含めたその人物の有り様という抽象的な様態を意見として示す文となる。「人」が表現の在り方とどのように絡んでくるかを知らせる好例といってよい。そして、両者の違いによって「出来る」の意味も動いていくのである。

そもそも「出来る」というのは、「出来」つまり「しゅったい」で、私たちの知覚できる世界に現れ出てくる、古語で言う「いでく」である。要するに「出て来る」のだ。この「出現」の意味を出発点として、以下いろいろと意味が展開していく。左に整理して示してみよう。

①顔ににきびが出来る。	（出現）	一時的な状況の生起	話者の外的認知
②庭に柿が出来る。	（生産）	〃	〃
③彼女に赤ん坊が出来る。	（誕生）	〃	〃
④あの二人は出来ている。	（関係の生起）	〃	〃
⑤急用が出来た。	（生起）	〃	〃
⑥食事の支度が出来た。	（完了）	〃	〃
⑦私は食事の支度が出来る。	（能力）	恒久的な主体の状態	〃
⑧彼は中国語が出来る。	（能力）	〃	〃
⑨あの人は信頼が出来る。	（可能）	〃	話者の内的認知
⑩この答案は出来ている。	（正解→優良）	〃	〃
⑪あの生徒は出来る。	（優秀）	〃	〃
⑫良く出来た人物。	（完全無欠）	〃	〃

少し専門的になるけれども、ぜひ読者にも考えてもらいたいので、あえて説明するとして、右の

十二の例文を文の型から整理すると、実は四つの型に収まる。例えば「顔ににきびが出来る。」では、「何が」に当たる「にきび」をA、「どこに／誰に／誰は／何は」で示される「顔」や以下の例「彼女／あの人／この答案」などをBと記号化して文の形を表すと、次の四つの種類に分かれるのである。（説明の都合上、四つをⅠ類、Ⅱ類、Ⅲ類、Ⅳ類と名づけておく。）

Ⅰ類　①〜④　「BニAガ出来る。」　外在するBという場面にAが現れ出てくる。
Ⅱ類　⑤〜⑥　「　　Aガ出来る。」　話し手の認識の範囲にAが生起する。
Ⅲ類　⑦〜⑨　「BハAガ出来る。」　Aという事態の実現はBの力に基づく。
Ⅳ類　⑩〜⑫　「Bハ　　出来る。」　話し手はBの実態を評価する。

面白いことに、文の型で分類した右の各種類は、それぞれ類ごとに「出来る」の表す意味が共通していて、また、Ⅰ類からⅡ類、Ⅱ類からⅢ類というように、類と類との間に意味の発展展開が見て取れるのである。順番に見ていこう。

Ⅰ類は、まずBを場面的なものとして「顔」や「庭」において何かが生ずる。または、人を取り上げて、その人物において、ある状況が生起する。赤ん坊なら誕生だし、二人の間でなら特殊な人間関係の成立だ。これら出現や生起は、いずれもある時に生ずる単発的で個別的な動作性の現象と考えられる。

Ⅱ類も「急用が出来た。」「食事の支度が出来た。」と単発的な事柄で、後者は継続行為の終了という意味で、やはりある時点での現象として、とらえられている。なお、「急用」の例は、「(私は)急用が出来た。」と、文頭に「私」が立つではないかとお考えの向きもあると思うが、これは、例えばⅢ類⑦の「私は食事の支度が出来る。」のような、その行為の能力主を表す「〜は」ではない。「私においては」、つまり「私に急用が出来た。」の意味の「私は……」で、Ⅰ類の「彼女に赤ん坊が出来た。」が「彼女は赤ん坊が出来た。」と言い換えられるのと同じことだと考えられる。そういうわけで、Ⅱ類の⑤の例は、Ⅰ類の③と根は共通、Ⅰ類だⅡ類だと分けても、それは便宜的なものでしかなく、実は意味の面では連続的に発展展開していると見たほうが実情に合っている。

Ⅲ類はどうか。こちらは「彼は〜」と主題に立つ人間の、その恒久的な有り様についての叙述となるため、何かが「出来る」という事柄が、その人物の属性となる。「食事の支度？／可能。」「中国語？／可能。」「信頼すること？／可能。」と、いずれの例も、可能であるという属性主にBが立つ。特に前の「支度」と「中国語」の二例は、可能なことがその人物の能力となるため、人物Bの能力所有を表す「出来る」。⑨の「信頼」の場合は、信頼できる対象者として「彼」を指示するBゆえ、「彼をば」の意の「彼は」で、信頼するに足る、信頼できる「可能」の「出来る」と判断される。信頼し得るというのは話し手の主観による認知ゆえ、むしろ次のⅣ類に近い。珍しい例である。

以上Ⅲ類は、一時的な状況の生起を表すⅠⅡ類と違って、「支度」や「中国語」が可能という、Aに対する能力主として、恒久的な主体の状態を意味する表現となる。これは次のⅣ類も同じであるが、ただ、「出来る」事柄はAだと限定するⅢ類と違って、Ⅳ類は、Aを設定しない、いわば「出来る」主体の人物・事物の全人的・全体的有り様として、プラスの評価を下す発想となっているのである。優良・優秀の判断もここから生まれてくるのである。

これまでの流れを簡単に整理しておこう。まず「顔ににきびが出来る。」のように、ある場所に現れ出てくることが「出来る」のおおもとの意味で、「おでき」などまさにそのものずばりの名称だ。この現れる場面が人間となれば「赤ん坊が出来る。」だし、生ずる物が抽象的な事柄となれば、「二人は出来ている。」さらに、自身が現在身を置く状況が場面となれば「食事の支度が出来た。」の事態の生起となる。このような、その折に現れる現象が特定の人物に備わる状態と化すれば、「私は食事の支度が出来る。」と能力の所有となり、そのような能力の所有者は「あの生徒は出来る」と優秀・優良、さらには「出来た人」の完全無欠へと話者の判断は進んでいく。尻取りのように、意味も順々に発展展開していくのである。ということは、対象や事柄を受け止め、心に印していく人間側の言語意識の発展展開の姿でもあるということだ。世に言う多義語とは、決して辞書に記載されているような個々ばらばらの意味の並列ではなく、言葉を使う我々人間側の、対象に向かう意識の分化、その結果だということである。

難しい話はこのくらいにして、少し、具体的な事例に目を向けてみることにしよう。例えば同じ「出来ている」でも、二人の間に男女としての人間関係が生じたと認識して「あの二人は出来ているよ。」と言ったとき、この「出来る」は明らかに新しい事柄の出現生起を意味する「出来る」だ。ところが、もし試験の採点をしている教師同士が、いつもよく出来る二人の生徒のことを話題にして、次のような会話を交わしたとする。

「最後の設問は難しいね。君のクラスの例の二人はどう？」

「あの二人なら、この程度の問題は出来るよ。彼らはよく出来るからな。」

と言って、ぺらぺらと解答用紙をめくり、

「ああ、やっぱりあの二人は出来ている。さすがだな……」

と感心する。この場合、初めの「この程度の問題は出来るよ。」は解答可能の能力所有だから、前に触れた分類で言うなら、Ⅲ類の「出来る」。後の「やっぱり出来ている。」は正しく答えられている。すなわち、その答案は正解なのだから、優良な状態にあるということだ。Ⅳ類である。そして、真ん中の「彼らは良く出来るからな。」は人間を対象とする査定ゆえ、優良から優秀へと評価が動く。

こうして見てくると、人間関係の生起「二人は出来ている。」のような動作性の例と、教師の評価「二人は出来ている。」に見るような状態性の場合とでは、同じ「出来る」でも性格がまったく異なる。例えば「ああ、やっぱりあの二人はよく出来ているな。」と評価の「出来る」には、その出来具合の程度を「よく」と強調することが出来る。状態の評価ゆえ「よく出来る。」「あまりよく出来ていない。」

と、評価の段階として程度の副詞を添えることが可能なのである。それに比べて、人間関係の生起では程度の段階などないから、「あの男女二人はよく出来ている。」などとは、まず言わない。動作性でも「顔ににきびが出来る。」などは反復の可能な現象ゆえ、「よく」を添えて、「顔ににきびがよく出来る。」と言える。もちろん優良・優秀の意味ではなく、「しばしば」の意味となってしまう。

「うちの庭は柿がよく出来る。」と言うとき、この「出来る」は実がなることだから、動作性のⅠ類だ。だが、ここは「しばしば」の意味ではないだろう。「とても見事な実がなる。」つまり、「出来る」という実を結ぶ現象を「よく」と述べているのではなく、出来た結果の有り様を「良い」ととらえているのである。

「一人で食事の支度がよく出来たわねえ。」「彼は中国語がよく出来る。」「この答案はよく出来ている。」

これらの例は皆、行為の結果がそれとわかる様態を「良い」と評価しているのである。結果とは無縁な「彼は信頼が出来る。」など対象への評価は、それを「良い」と査定する代わりに、「とても」とか「大いに」と信頼度として評価することになる。結果を修飾するのではなく、行為そのものを修飾するのである。同じ「出来る」でも、その内容によって使われ方はさまざまだ。

とにかく「出来る」は難しい。定期試験などで、監督の教師が「出来ている人は答案を裏返しにして、外に出てもいいですよ。」と言う。状況から見て当然「出来上がっている」意の「出来る」だが、それを正しい答が書けている人と解釈して、外に出なかったという留学生がかつていた。「もう出来ている人は……」と一言「もう」を加えておきさえすれば、このような誤解は避けられたかもしれない。

三、日本的発想の代表「〜られる」

「今回の日食は、赤道に近い地域なら、見られる。」と言うところを、「見ることが出来る」とも言い換えられる。「〜られる」はいろいろ問題を含んでいるので、日本語教育などでは可能の言い方として、まず「〜ことが出来る」を先に学ばせるというところも多い。

「富士山を見ることができます。」「新幹線に乗ることができます。」「地図があれば一人でも来ることができます。」「静かに勉強することができます。」

と、何でも「ことができる」一つ覚えさえすれば、それで事が足りるのだから、これはなるほど便利だ。もし「〜られる」で表そうとすると、

「富士山が見られます。」「新幹線に乗れます。」「地図があれば一人でも来られます。」「静かに勉強

することができます。」

前に立つ動詞で表現の形がそれぞれ異なり、日本語を学ぶ外国人にとって難しい。そのうえ、「見られる」「来られる」と言うべきところを、「見れる」「来れる」と簡略に言う、いわゆるラ抜きことばの問題などもあり、教える側にとっては大変だ。「勉強する」などは、わざわざ「～することができる。」のように長々と述べなくとも、「勉強できます。」で十分間に合う。サ変動詞と言われるグループは「下調べできる。」「練習できる。」「レッスンできる。」と、皆「することが」を省いた形でも用いられる。これらを全部「～ことが出来る」で統一すれば、確かに学ぶ側にとっては苦労が無くていい。

ところで、ただ「いつでも食べられる」と言うと、

「ここは海に近いので、うまい刺身がいつでも食べられる。」

つまり、食べることが出来るの可能なのか、それとも

「干してある魚は、猫にいつでも食べられるという始末。」

に見るような受身の「られる」なのか、あるいは、

「あの先生は、お泊りの節は、名物の土瓶蒸しを、いつでも食べられるのです。」

と聞いて、「召し上がる」の意味で使う尊敬の用法なのか、区別がつきにくい。「先生浴衣をきられたのよ。」と、「お召になった」と取らず、「切られた」の受身と解したそそっかしい学生がいたと聞いたこともある。

外国人によく質問されることだが、

「なぜ日本語では、可能も、受身も、そのうえ、尊敬の表現までもが皆、同じ形の『〜られる』で表されるのですか。外国人の僕らには不思議でなりません。僕らの母国語では、逆立ちしてもそんなことは出来ません。」

と、日本語に対して抱く不可解な「〜られる」の意味を尋ねてくるのだった。普通一般には、「それが日本語のルールなんですから、とにかく覚えてください。」と答をかわして、ただ機械的に受身や可能の文型練習を繰り返して、頭にたたき込ませる。だが、これでは大人の相手は納得しない。なぜ日本語では、可能も受身も尊敬の表現までもが皆等しく「〜られる」を基本として、文脈ごとに表現

の意味を分化させているのであろうか。次の四つの例文をまず見よう。

(1)どうやら機は墜落したものと考えられる。
(2)調査の結果、機は墜落したものと考えられる。
(3)調査の結果、機は墜落したものと考えられている。
(4)先生は、調査の結果、機は墜落したものと考えられる／考えられている。

文法の教科書などでは、(1)は自発、(2)は可能、(3)は受身、(4)は尊敬の「られる」と分類し、それぞれを別仕立てで助動詞の中で解説している。だが、見てのとおり、これら別仕立ての四つの用法が、実に見事に共通の文脈で働き合っているではないか。決して個々ばらばらの無関係の物の寄せ集めではない。順に見ていこう。

まず、(1)自発と言われるグループは、話し手自身が文の表に立たない。自分を表に出して「私は……考えられる。」という言い方は、自発にはない。「他人はともかく、この私は」と己を際立たせたい場合なら、「私には……考えられる。」と言うであろうが、この「私には」は「私においては」の意味で、「私は……と考える」のような能動的な考える行為の主体者として用いているわけではない。話し手は飛行機の連絡途絶を、あくまで外の世界での事象として受け止め、それに対して覚える自分の主観を述べただけのものでしかない。難しく言えば、外界の状況に対する話者の視点からの認識ということである。そのため、どうしても話し手の主観的な感懐とならざるを得ない。飛行機を墜落したのではないかと思う根拠は「連絡が取れない。レーダーから機影が消えた。だから恐らく……」程度の勘である。自発と言われる表現は、このような勘や、情意的な衝動や、条件反射として心に催してくる感情などが原因で、「感じられる／思われる／思い出される／考えられる／偲ばれる／身につまされる／心をそそられる」など精神活動の語に「〜られる」が伴うか、可能動詞と同じ形で「泣けるねえ……」などと言うときに現れる。

ところで、「考えられる」の根拠を「調査の結果（によると）」で示すと、自発は可能へと移行していく。もともと自発とは、そうしようとする意志や何らかの手段・根拠がなくとも自ずとそうなっていく状態を指すわけで、

「昔のことが懐かしく思い出される。」「もう家に着いたころと思われる。」

のように、特に思い出そうとしなくとも思い出すことが出来、家に着いたころと思い得る状況にあるわけで、積極的な根拠ある可能とは言いがたいが、自然可能とでも言うべき段階にある。よく「星が見える。」「鳥の声が聞こえる。」の「見える」「聞こえる」は可能表現ですかと質問されるが、外の条件からその行為をなし得る「見られる」「聞ける」のような積極的な可能ではなくて、自然可能に近い状態の動詞であると答えている。自発を「〜られる」の助動詞に限定しないで、もっと広く見てい

くことも大事なのではなかろうか。とにかく、⑵の可能は、自然可能の延長線上として、原因や理由・根拠が明確なために自信を持ってそう主張できるという点に、自発との境界が引かれると考えていいだろう。話し手の対象把握の表明であるところは自発と相違がなく、自発と可能とは本質的には差はないと言ってよい。もちろん可能にも、

「彼は英語で考えられるほど語学力に秀でている。」

のような、当人の能力による可能（これを能力所有の可能と呼ぶ）と、外部の条件によって可能か否かが決められる

「資料が揃ってさえいれば、どう判断すべきか考えられるのだが。」

とがある。能力所有の可能は、「見える」「聞こえる」にかなり近い、自発寄りの可能と言っていいだろう。

さて、先の⑴⑵⑶の例文で見ると、⑶の受身の文は、⑵の可能の例の文末に「ている」が伴っている。これは、⑴の自発の文に「ている」を添えても、やはり全体の意味は受身となる。なぜ「ている」文に変えると受身の文となってしまうのか。

(1)＋ている　「どうやら機は墜落したものと考えられている。」
(2)＋ている　「調査の結果、機は墜落したものと考えられている。」

これは、この章の第一節で紹介した「彼は来ないと思っている。」の例で、「ている」が加わると、「来ないと思う」の当人の推量から、第三者がそう思っている傍観的叙述の文に変わるように、(3)の場合も、叙述内容が(1)(2)のような話し手側からの主張から、他者による状況を客体的な事柄として傍観的に叙述する態度へと変わるのである。つまり、「考える」主体の隠された不特定多数「人々によって／皆に／専門家たちから／……」等の含みの、一般化されたそれら人々による受身的叙述の文となるのだと思われる。ただし、誤解を避けるために申し添えれば、今ここで取り上げた例文に関しては、「ている」の付加による行為者の一般化が受身の発想を引き出すということで、何も受身文はすべて「ている」文でなければならないという意味ではない。

「通報した私まで、あの刑事に容疑者と考えられてしまった。」

明らかに特定個人にそう扱われる受身である。その対象が抽象的なものである場合、例えば「後ろ髪を引かれる思い」では、「髪を引かれる」ことは確かに受身には違いないが、「引かれる」に「思い」が付くと、精神的な現象であるだけに、限りなく自発に近い「〜られる」表現となっていく。ひっき

ょう受身も、自発からの意味の発展の一つの段階として現れた表現形式だと言えるだろう。ところで、

(3)の受身文

「調査の結果、機は墜落したものと考えられている。」

のように、消息が断たれたという事実から「機」を主題として取り立てる文にすると、非情の受身となり、文中に人間が存在しなくなる。自発や可能は話し手自身が考える主体であったが、(3)の受身の例では、文の背後にある誰かがそのように考えていることを話し手はただ傍観しているにすぎない。「機は誰かによって墜落したものと考えられている」のである。そのため「墜落したと考える」行為者として別途に不特定多数の人々を考慮しなければならなくなる。つまり、いろいろな人々が皆、墜落したものと考えているわけであり、それは、特定個人ではなく、不特定多数による世間の有り様として述べる態度なのでもある。

では次に、(4)の尊敬に移ろう。(2)や(3)の文に「先生は」と特定個人を行為者として付け加えると、どうなるか。

「先生は、調査の結果、機は墜落したものと考えられる。」　(2)＋先生は
「先生は、調査の結果、機は墜落したものと考えられている。」　(3)＋先生は

見てのとおり、可能文も受身文も共に転じて、尊敬の表現となる。話し手本人ゆえ「考える」主体が表に出ない可能文、不特定多数を文外に予想する非情の受身文、これらにたった一つ「先生は」と、そのように考える人間を提示することによって、発想ががらりと変じてしまう。「先生は／父上は／あの方は／その人は／……」と、他者を主題に立てることによって、表現者の目はその特定人物へと向けられ、話者側からの主張ではなく、客体界の事柄として、その特定人物による状況を傍観的に叙述する態度の文へと移行する。それも「その人物は……と考える／考えている。」のような端的な動作性表現ではなく、「その人物は、自ずとそのように考えることのできる状態にある」という様態性の表現、その遠回しな間接的言い回し、つまり婉曲な表現によって、結果として敬語的な語感を加味する効果をもたらしていると解するのが無難な解釈であろう。文頭に「先生は」とあるから敬語になるのではない。上下どちらとも判断のつかない場合でも「その人は……と考えられている。」と、やはり敬語の表現となるのである。

このように見てくると、やれ受身だ、やれ尊敬だといった表現内容の違いは、その事象を話し手自身がどのように受け止めているか、表現者の認識の違いに基づくものだということがわかる。さまざまに表現内容が分かれる要因は、結局どのような文脈の中で働いているかということで、右の四種の文脈も、表現者の描く発想の差の投影であるということに、気づくべきである。そして、この発想の表れとも言うべき個々の文脈は、実は表現者（内）と客体界の対象（外）とのかかわり合いの反映、さらに言えば、己自身と客体的な対象として引き合いに出す他者（人間）とを表現の中でどうとらえていくかで、文の意味も大きく分かれていく。このような言語行為の基本となる発想の有り様、己も含めた「人間」の扱いや、対象を眺めとらえる視点の違い、その底にある一貫した共通の対象把握の姿勢、これらを考慮せずして、どうして多彩な意味の全体像を体系としてとらえることが出来よう。国語辞典や文法書での、あの箇条書き的な意味の列記方式への反省としたい。

第四章　意味の分化は視点の共有から生まれる

一、事物へのネーミングと人間の目——日本人の恣意的な対象把握

卒業前の学生に対して、早い時期から社員採用の契約を結ぶことを「青田買い」という（『岩波国語辞典』第五版）。「青田」とは稲が青々としている田圃のことで、それを買い取るとは、まだ実っていないにもかかわらず、収穫量を見越してそっくり買うことにするわけで、辞書などの説明では、そこから比喩的に先の採用契約の用法が生じたとする。だが、考えてみれば、在学生への先物買いがまず行なわれていて、後に「青田買い」の名称が付けられたのであるから、行為や現象・属性等に何等かの共通点が認められる場合、先にネーミングされていたほうの名称を他方に借用して間に合わすことと言ってよい。当然、事物も事態もまったく関係のない異なるもの同士の間で、ある一点での類似や共通を上手に利用して、その名称を共用するわけであるから、共通点への連想が奇抜なほど、そのネーミングは表現効果を発揮する。共通試験での「足切り」といい、得意顔の「天狗」といい、肝心なところが見えていない「節穴」といい、その他、政界の「黒幕」、警察の「犬」、「ガラス張り」の

予算、一家の「大黒柱」、病状は今が「峠」だ、調子に「波」がある、僕は「金槌」だなど、いずれも指示対象そのものの概念がまったく異質であるにもかかわらず、両者を結びつける意想外な一つの共通点、そこに目をつけたアイデアが社会の共感を得て、新たなネーミングとして定着したものであろう。単語のレベルだけでなく、句の形式を取る比喩と言われる技法も、両者の視点の共有が名称や表現法の借用を促し、結果として、辞書に述べるように、比喩的用法を生むという説明に落ち着く。

このように見てくると、世の中にはこうした比喩に基づくさまざまな借用のネーミングが充ちあふれていることに気づく。今、一つの例として、「足」と呼ばれる事柄を取り上げてみようと思う。

「足」の意味について

「あし」は、意味としては「足、脚、肢」などの漢字で示されるが、要するに動物の胴体から下のほうに分かれ突き出ている細長い部分だ。胴体を支え歩行するための器官と説明されている。が、それはあくまでも「あし」が指示する対象物「足、脚、肢」の科学的な解説でしかない。確かに「足」を観察して得た人間の目による分析ではあるが、客体物としての対象分析、それが科学的であればあるほど、その説明は理科学事典や百科事典など、いわゆる「コト典」的な、無味乾燥な学術的解説に堕してしまう。ことばを使う人間側の受け止めとして、その対象から想起し連想するさまざまな意味、対象そのものの実体ではなく、それに立ち向かう人間がイメージしている脳中の映像を示すことこそ、日本語としてのその語の真の「意味」を示すことになるのではないか。前に述べた語感や評価の問題も、対象に向かうこの人間側の認知意識の一環であると考えられる。第二章の「温度形容詞」の所でも触れたことだが、「冷たい」に対応するのは「熱い」ではなく「温かい」だというのも、人間を離れた自然界での温度の両極を問題とするのではなく、あくまで対象を受け止める人間側の感覚評価という認知意識に根ざした言語感覚なのである。当然のことながら、日本人と外国人とでは認知評価に差が現れる。「甘い」の反対が「辛い」だというのは普遍の真理ではない。

「足」に話を戻そう。この世にあるさまざまな事物の中で「足」と名の付くものをピックアップして整理してみると、面白いことに気づく。まず第一グループとして挙げられるのは、「簪《かんざし》の足」である。「簪」は「かんざし」で、もちろん動物ではないから、「足」と名付けること自体おかしい。では、なぜ「足」と呼ぶのか。日本髪を飾るアクセサリー的な部分を本体と見なせば、髪に挿し込む二本の棒状の部分は、まさに「本体から下に分かれて出ている細長い部分」だ。「足」の持つ属性とぴったり一致する。特徴を共有する事物なればこそ、簪の先にある二本の棒を「足」と呼んで何の不都合があろう。新たな名称を考えるより、すでにある単語を流用してネーミングするほうが、遥かに効率的だ。しかも、そのネーミングのアイデアが人々の共感を得るものならば、効果は抜群と言っていい。抽象的な事柄、例えば帳簿で赤字を出すことを「足を出す」とか「足が出る」という。予算の範囲が本体であると考えるなら、確かに超えた部分は「本体からはみ出した余計な部分」で、「足」を連想しても不思議ではない。いや、なかなかのアイデアだ。

では、「机の脚」はどうか。「本体から下に突き出ている部分」という点では簪の場合と同じだが、「本体を支える働きを持つ」ところは、共通点がさらに一つ加わったことになる。より本来の「足」に近い。このグループに入ると思われるもの、複合語も含めれば、

「三脚の脚／飛行機の脚／足が地に着いていない／悪いことから足を洗う／しっかり足固めをしておく／……を足掛かりに／人の足元を見る」

などが思いつく。「山の足」（麓）「船の足」（喫水線から下のほう）など、本体を支える下の部分という意味で、特に突き出ているわけではないが、このグループからの派生的な用いられ方と見ることが出来よう。「足切り」なども、成績が全体の中の下方部分という意味で、「山の足」などと共通する意味特徴と見てよい。以上の例に対して、

「足場が悪い／足元が危ない／足元の明るいうちに」

等は、肉体部分の足そのものを意味するが、胴体を支える機能としての「足」という点で、この第二グループと意味特徴を共有する。

「足」の付く語彙には、さらに移動を意味する単語が目に付く。

「足を運ぶ／足が達者だ／足が棒になる／足には自信がある／速足／駆け足／千鳥足／足取り軽く／一足違い／足が遠退く／足しげく通う／客足が途絶える／その足で銀行に回る／遠くのスーパーまで足を延ばす／足に任せて／足止めを食う／足速に去る／足代／足並みをそろえる／足音を忍ばせる／足慣らし」

さらに、次のような、移動機能を含意するところから比喩として「足」を用いた例も若干見受けられる。

「足手まとい／手枷足枷になる／人の手足となって働く／手まめ足まめ／勇み足／足踏み状態」

移動機能は抽象化され、「船足が速い」「日脚が移る」「お足」（金銭）のような物の動きにも「足」が用いられ、人間の足に代わる「電車ストで通勤の足を奪われる。」など移動の手段も「足」と考えるようになる。さらに「日脚が延びる」「季節の足音」「生物《なま》は足が早い」など時間的な移行さえもが「足」で表現されるようになる。

こう見てくると、日本語で「足」で表される言葉は、次のような性質を備えているものを、本来の足の、ある側面を連想してネーミングがなされているということがわかる。

(1)本体から下に分かれて突き出ている細長い部分に対して
(2)本体の中で、下のほうにあたる部分に対して
(3)本体を支える機能のものに対して
(4)移動・移行する機能に対して

専門の意味論では意義素という概念を立て、例えば「山」なら、「非水域性／自然性／顕著な隆起性／有頂性」(玉村文郎氏の著書による)といった四項を取り立てているが、これは対象とする客体界・自然界の「山」そのものに対して人々が受け止める意味の共通部分であって、日本人が脳裏に描く山、「山」という語から想起する概念やイメージが果たしてこの四項目にわたり、また、限定されているか疑問である。「足」の場合も、先の四項目が果たして「足」の意義素と一致するかどうか。たとえ一致したとしても、それはたまたまの一致で、ずれる例も多いということである。「足」の場合と同じように、「山」で表現するもろもろの語句を仔細に検討して、日本人が共通に描く「山」のイメージ、「山」で例えられ、代用される語句の底に潜む共通属性を導き出すことが肝要であろう。

「山」の意味について

話のついでに「山」の意味について少々触れておこう。「山」は辞書類によると、「富士は日本一の山。」「山並み」「禿げ山」「山登り」「山肌」「山路」など本来の山そのものを指す語彙のほか、

⑴山形に盛り上げたもの……「ごみの山」「一山五百円」「書物の山」

　そこから「たくさん」「あまた」の意味で……「仕事の山」「山ほどある。」

⑵頂からの連想で、物事のクライマックス……「病状は今が山だ。」「事件の山に達した。」「解決は時間の問題。もう山が見えている。」

⑶山を「鉱山」と限定して……「山師が山を当てる。」（鉱脈を探し当てる）

　そこから、狙った肝心な事柄……「どえらい山を当てたようだ。」

　また、受験者の当て推量……「山を張る」「山が外れる」「山勘」


等が挙げられている。その外、山形の屋根から「山車《だし》」を指す例も掲げられているが、これは形態の共通性からのネーミングだ。

　さて、右の三項を、その意味特徴から眺めてみると、⑴は盛り上がった形からの連想で、先の意義素の「隆起性」に相当する。「たくさん」の意味は、積み上げ高く盛り上がるほどの分量という発想であるから、もはや⑴の意味を超えている。四つの意義素の中に収まらない。次の⑵は、頂からの連想であるから「有頂性」に当たる。「峠」とかなり近い意味関係にあると見ていい。⑶の「鉱山」は、全体である「山」で下位概念の「鉱山」を指すのであるから、比喩の提喩法である。「花」が「桜」を意味するのと同じである。さらに、「山を当てた」「山を張る」のような、山岳そのものから離れた概念は、もはや「山」の意義素を超えている。関ケ原の合戦での「山が動いた。」の「山」。当てにしていない不可能と思われていた事態が思いがけなく解決へと展開する、このような慣用句に近い比喩的な用法まで視野に入れると、「山」に対して日本人が抱く広義の意味特徴、「山」から連想する意味の広がりは裾野が広い。それらを掬い取る意味の記述が期待される。

こう見てくると、地学的な「山」についての先の意義素のうち日本人が意識する「山」のイメージは、「顕著な隆起性」と「有頂性」に偏り、それを出発点として連想的に意味の転用や抽象化が行なわれると言ってよかろう。なお、この「顕著な隆起性／有頂性」も、影の薄れた使われ方が見られるようになった。例えば「里山」の「山」がそうだ。

「里山」というのは近ごろ使われ出した言葉だが、ようするに人家のまわりに雑木林や小川があるという、ひと昔前ならごく普通の田舎の風景のことだ。「里山」という新語の背景には、そうした風景をどんどん消滅させていく時代の変化がある。

（仁平　勝「消えゆく風景の記憶」朝日新聞　平成十六年十一月十七日）

変わらぬ自然界を指す語さえも、社会の変化は意味の範囲を変化させていくのである。

二、文脈によって生まれる意味は話者の視点のゆれ

多義語の一つとして「持つ」を取り上げよう。「持つ」は実にさまざまな使われ方をしていて、はなはだ興味の深い動詞である。辞書類で示されている用例を参考に、発想の在り方から分類していくと次のようになろう。

	意味	人間主体	内容
(1)重いか軽いか試しに持ってごらん。	(手で持ち上げる)	○	動作
(2)荷物を持ちましょう。	(手で持って運ぶ)	○	動作
来週は辞書を持って来なさい。	(〃・携行する)	○	動作
(3)コーヒー代は先生が持ちましょう。	(負担する)	○	動作
三年生のクラスを持つ／責任を持つ。	(〃・継続負担)	○	動作と状態
(4)マイカーを持つ。	(所有する)	○	状態
(5)手に職を持つ／恨みを持つ／関心を持つ。	(有する)	○	状態
深い意味を持つ。	(〃)	×	状態
(6)冷蔵庫に入れておけば二週間は持つ。	(長持ちする)	×	状態
身が持たない／天気がよく持つね。	(〃)	×	状態
(7)持ちつ持たれつ／尾張名古屋は城で持つ。	(保持される)	×	状態

(1)から(4)までは人間側（内）が客体的な対象（外の物）に、いかに対処するかの有り様を表している。初めの(1)(2)は、手で直接その物に「持つ」動作が及ぶ意志的な行為である。(3)は、代金やクラス担任・責任など（外のもの）を身に引き受ける意志的行為であると同時に、負担者の状態に立つという状態性も表している。(4)はマイカーの所有者という状態性が、当人の属性ともなっている。(3)の代金などの一時負担では、主体者の属性とはなり得ない。属性となる例は「三年生のクラスを持っている。」「マイカーを持っている。」と「ている」を付けて属性所有の表現が可能となる。状態性の「持つ」だからである。動作性、例えば(2)「重い荷物を持っている。」では、状態性とは言っても、動作の継続進行でしかない。(3)「コーヒー代は先生が持っている。」だと、いつも先生が払っているという反復の動作状態となってしまう。こんなところにも動作性と状態性との差が顕著に現れる。もちろん、毎回支払い者になったからといって、即先生の属性ということにはならないであろう。

(5)「手に職を持つ。」以下は、状態性の表現であるが、「深い意味を持つ。」から、(7)「尾張名古屋は城で持つ。」までは、すべて己を含めた人間が主体とはならず、「天気が持つ。」「身が持たない。」のように、対象とする非人間（事物）を主体に立てて、それが呈する状態として「〜が持つ。」「〜が持たない。」の表現を行なっている。このように同じ「持つ」でも、主体や対象を話者がいかにとらえるか、話者の視点の有り様で「持つ」を含む表現全体の意味も大きく動く。しかし、注意してよく見ると、(1)から(7)までの各々は、一見、呈する意味が異なるようであるが、その底を流れる基本の意味は共通している。すなわち、(1)(2)の持ち上げた荷物をその状態のまま保持することも、(3)支払うべき代金を引受けて、その責任を維持することも、⑷物の所有者となって持ち続けることも、⑸技能を身に帯び、恨み関心などを抱き続けることも、⑹状況が悪化せずに現状を保ち続けることも、⑺持つ持たれつ互いが依存し続ける状態維持も、つまるところは、その状況が保たれるということで、「持つ」は「保つ」であるということになる。もともと「持つ」は「たもつ」の「た」の落ちた形が語源であるから、これら文脈的意味の多義性の基本が「保つ」で一貫しているというのも、いっこうに不思議ではない。ということは、状況が保たれている各々の場合に応じて、話者の視点は当然変動していくが、言葉としては「持つ」ですべてがカバーされていく。動詞の多義性は、「持つ」なら「保つ」、「立つ」なら「目立つ」というふうに、底流にある意味を基本として、各状況ごとに変わる話者の視点とともに文脈的意味も分化していく。言葉を使う人間を抜きにして語の細かい意味を論ずることは、決して正しい認識ではない。

三、擬人法に見る人間の眼

意志を持たない無生物や抽象的な事柄を対象として叙述していこうとする場合、論理として記号や数式で表現する数学や自然科学と違って、言葉による状況叙述は、どうしても表現を行なう人間の目を通して対象を眺め、人間の心に投影した事態として描写叙述を行なうことになる。この姿勢が過度になれば、文学的な叙述態度と言えるが、意図的な修辞法としてではなくとも、日本語の語彙の実情から、どうしても人間的なとらえ方で述べていかねばならぬ場合も結構多い。例で見よう。

手で物体を触ると、同時に、その物体が手を触ります。このことからニュートンは第三法則として「作用・反作用の法則」を発見しました。

（山田克哉『宇宙のからくり』）

「触る」は辞書などでは次のように解説している。

さわる〔触る〕（体の一部、特に指や手のひらや足先などが）物に（軽く）くっつく。「手が―」「何かが足に―」▽「手で―」は意図的な場合を言い、「手が―」は意図の有無にかかわらず状態を言う。

（『岩波国語辞典』第五版）

「触る」に意図的な場合と、そうでない場合とがあることを述べているが、先の引用例は「〜を触る」なので、意図的と考えてよいだろう。ということは、辞書の用例「何かが足に―」は非意図的、『宇宙のからくり』の「物体が手を触ります。」のほうは意図的で、動作主が「物体」ゆえ、これは擬人的な使われ方である。

「触る」と類義の語に「触れる」がある。こちらは、同じ『岩波国語辞典』では、ふれる〔触れる〕　体や物が他に軽く（ちょっと）つく。体や物を他に軽く（ちょっと）つける。

と解説している。やはり意図の有無で両用の例が見られることを注意しているが、「触る」との決定的な違いは、一方が「体の一部、特に指や手のひらや足先などが」と限定しているのに対して、「触れる」のほうは、「体や物が」と物体にも使用可能だと述べている点である。確かに「木の枝が電線に触れている。」とは言えるが、「触っている」とは言えない。物と物との接触関係だから、逆にして、「電線が木の枝に触れている。」の言い換えも、もちろん可能だ。意図的な「作品に手を触れないでください。」は「触る」と言い換えられるが、「作品に触らないでください。」で十分で、わざわざ「手で触らないでください。」と言う必要はない。能動的な「触る」は手や指先での接触行為に決まっているからである。

○児を叱れば、
　泣いて、寝入りぬ。
　口すこしあけし寝顔にさはりてみるかな。

（石川啄木『悲しき玩具』）

○秋近し！

電燈の球のぬくもりの

さはれば指の皮膚に親しき。

（石川啄木『悲しき玩具』）

○はるけくも山がひに来て白樺に触りて居たり冷たきその幹

（斎藤茂吉『赤光』）

接触を前提とする動詞にもいろいろあるが、ただ接触するだけなのか、接触後の動作が伴うのか、ほんの僅かな行動の差で語を使い分ける。面白い例を紹介しておこう。ある寺の本堂の隅に置かれた仏像と、それに恋する尼僧との物語である。

一切のつとめが済んだ後も彼女は私のわきを去ろうとはせず、私の前に坐して私を仰ぎ見、何か気兼ねする処あるらしく注意深く四辺をとみこう見し、人目あれば素知らぬ体で何かの用をしている風を装い、人目なければおそる〳〵私の膝に触わり、初めの程は只ほんの指先をそこに触れるのみであったのがやがて垂れている右手にさわり、頬を撫で、遂には何処という事なしに生なき私の五体を撫で擦るようにしながら、まじ〳〵と私の顔を打ち見入るその面持ち、その眼ざしの並々ならぬ光は私を愕かした。

（長與善郎「地蔵の話」）

「触れる／触る／撫《な》でる／擦《さす》る」の順で、尼僧の接触行為がエスカレートしていく。単なる接触から、強い意図による「触る」へ、さらに優しみの心での動作「撫でる」を経て、相手をいたわる「擦る」に至る。心憎いばかりの愛撫の描写である。類似の行為として、他に「こする」などもあるが、これは汚れなどを取り除くために、押し付けるようにして、かなり力を入れた前後運動だ。しかも「こする」には「こすれる」という自動詞もある。

「運ぶとき机の端で壁をこすっちゃった。／壁がこすれちゃった。」

自動詞があるということは、こすった結果の状態変化も予測されるということである。愛撫の行為としては適さない。そういえば、「触れる」や「触る」にも自動詞と他動詞の両方の例が見受けられる。いわゆる自他両用の動詞である。「触れる」について見てみよう。

(1)「柔らかい物が手に触れる。」　BガAニ触れる　非意志
(2)「料理に箸を触れる。」　BニAヲ触れる　意志
(3)「棒の先で蛇の尻尾に触れる。」　AデBニ触れる　意志
(4)「紙包みを手に触れようともしない。」　BヲAニ触れる　意志
(5)「参考文献に触れる。」「光に触れる。」　Bニ触れる　意志・非意志

(1)は自動詞の「触れる」で、単なる二者の接触現象。触れられる箇所に限定はない。A・Bを入れ替えて「手が柔らかい物に触れた。」でもかまわない。先の「木の枝」と「電線」の例もこのグループで、非意志ということは接触した結果を問題としているのであって、A・Bどちらの側からの接触もあり得る。

○こんなに近く抱いているうれしさ
あなたの胸は鼓動に高まり
その手足は肌にふれ
ほのかにつめたく　やさしい感触の匂ひをつたふ
（萩原朔太郎『青猫』「春宵」）

非意志の「ふれる」であるから、偶然その手足が肌に触れたのである。

(2)は他動詞の「触れる」。意図的に行なう接触動作。直接接触でも、何かを介した間接接触でもよい。意志的な能動行為の「触れる」である。

○夜に入り、「私はこれからぐっすり眠るから誰も私に手を触れないでおくれ。」
（南方文枝『父南方熊楠を語る』）

○食事に出された虹鱒の刺身には、父は絶対に手を触れなかった。ジストマを恐れていたからである。

○先生は非常に汚がりやで、扉をあけるのも袖口で開けて、手を物に触れるのをいやがる人である。

（高浜年尾「『父虚子とともに』」）

（穂積生萩『私の折口信夫』）

○愛をもとめる肩によりそひながら
わけても感じやすい皮膚のうへに
かるく爪先をふれ

（萩原朔太郎『青猫』「その手は菓子である」）

(3)は自動詞の「触れる」で、意図的な行為。「Aデ」の「で」は接触を実現するための手段や仲介物・箇所（手で／棒で／箸で／靴の先で／……）を示し、それゆえ、接触の実現のための方法を問題とする意識である。前の(2)は、接触すること自体を問題とした表現であり、発想に大きな違いがある。

○手もて風琴の鍵盤に触れるのはたれですか。

（萩原朔太郎『蝶を夢む』「内部への月影」）

(4)は「Aニ触れる」で自動詞だが、この句全体がさらに「Bヲ」を受けて他動詞相当の働きを為す。

○ところでこの大規模な公式料理をどのような順序で、進め、また、頂くか興味のあることだが、実際は勅使は一物も料理を手に触れず、まず最初は、勅使の前に式三方が進められ、酒を一献勧

めてから式三方が下げられ、

（平野雅章「将軍家の正月料理」）

(5)は物同士の接触ではない。意志的な「参考文献／外の空気／海外の思想／西欧の文学……に触れる。」と、非意志の「光／湿気／規則／法……に触れる。」とがある。抽象的な事柄との触れあいであるから、「触る」への言い換えは不可能である。

○ここで、彼の師秀甫のことを簡単に触れておきたい。

（平田　寛「ヨーロッパ最初の愛碁家」）

以上のような意志・非意志の両方の用法を備えている「ふれる」を、前に述べた『宇宙のからくり』の「触る」の箇所に置き換えてみるとどうなるか。原文の「さわる」の例と比較してみよう。（なお、「～を触る」の箇所は、「～に触れる」と助詞を入れ替えておく。）

〈原文〉手で物体を触ると、同時に、その物体が手を触ります。このことからニュートンは第三法則として「作用・反作用の法則」を発見しました。

〈入れ替え文〉手で物体に触れると、同時に、その物体が手に触れます。このことからニュートンは第三法則として「作用・反作用の法則」を発見しました。

「触れる」の入れ替え文について少々説明しておきたい。初めの「手で物体に触れる」は先の分類での⑶文型（意志）、後の「物体が手に触れます」のほうは⑴文型（非意志）である。つまり「触れる」を使うと、手で意図的に触れると、物体のほうも結果として非意志的だが手に触れることとなる。このような原因と結果の因果関係をただ述べるのだったら、「触れる」のほうが表現として遥かに優れている。だが、この書の著者は果たしてそのような内容の文として叙述したのであろうか。そうではないだろうと思う。より的確な「触れる」があるにもかかわらず、あえて「触る」を選んだ理由は、恐らく次のような訳からであろうと推察する。すなわち、こちらが意図的に手で物体に触るということは、物理現象としてとらえれば、それは同時に相手側もこちらの手に向かって接触してくるという力の相互作用で、両者の力関係は、比喩的に言えば相身互いなのである。別に「触る」でなくとも、「押す」でも「引く」でも同じことである。そうだとすると、ここはどうしても「触れる」では具合が悪い。かと言って相手を人間にすると、「こちらが触れば相手も触ってくる」で、それぞれ互いの意志による別々の行動となってしまい、この物理現象の説明として不都合だ。相手は意志のない物体でなければならない。極端なことを言えば、この法則は物体同士の力の関係なのだから、こちらが押すことは相手も押し返すことだという、ただそれだけの現象だ。その相手側からの力の作用ということをはっきりさせるには、能動的な力の伝達を意味する「触る」を利用するのが一番だ。結果として擬人法の表現となっているにすぎない。「触れる」では表せないこの能動性を内包する語が見当らない以上、止むを得ない方策だろう。自然科学分野の文献にしばしば現れる擬人法は、いずれもこのような理由が背後にあると考えてよいだろう。以下に目に留まった擬人法の例をいくつか紹介しておく。

○光速に近い速さの荷電粒子（多くの場合は電子）が走るときに「チェレンコフの光」という光が放出される。

（佐藤文隆『量子宇宙をのぞく』）

○宇宙飛行士が月面に設置した感度の高い月震計は、彗星が月面に衝突したときの微動をひろっているはずである。

（L・A・フランク著、加藤珪・山本裕之訳『水惑星の誕生』）

○光や電波や赤外線やX線などを出してわれわれに存在を訴えている天体（それらを広い意味で「見える」天体と呼んでおく）だけで宇宙密度を求めると、

（星野瑩一『宇宙論がわかる』）

○個々の粒子は他の粒子とまったく反応することがなく、地球重力が作用しない限り同じ位置にじっとしています。

（山田克哉『宇宙のからくり』）

「走る」は、「稲妻が走る」のように、必ずしも有生のものの速い動きとは限らないが、その動きが話者の目にとまる場合はいいとして、電子のような物理学的ミクロの世界での話であり、しかも、その速い動きに伴って光を放つという理論上の現象では、「走る」と言うと、どうしても当人の意志的な走行を想定する。さりとて、これに代わる適当な動詞も見当らない。月面の微動を「拾う」の例も、擬人的に述べることで、漏れなくキャッチし続けるという筆者の意図が、うまく掬い取られている。後の「訴えている」「じっとしている」も理由は等しい。

○その領域にとどまる限り、表面は何億年でも変化しない。彗星は生き残りたければ土星族にとどまるほうが身のためである。（斎藤馨児『彗星――その実像を探る』）

○赤色巨星時代の星が、宇宙空間にそっと放出したものもある。（ドナルド・ゴールスミス著、青木薫訳『銀河の謎にいどむ』）

○宇宙の構造がまだできておらず、五分の一のときには少なくともクェーサーはできあがっていたことを意味する。しかも、この間にあわてて急造されたものらしい。（佐藤文隆『量子宇宙をのぞく』）

いずれも意志的な行為として天文現象をとらえている。ということは、生命のない天文上の諸現象を、いかにも意識的な行為のごとく見立てる人間側の視点のなせる業と言ってよい。言葉による表現は、結局、人間側の心に映る投影として、自然界の現象も翻訳されて描かれるということである。文学的な描写、例えば、

○駅の東口へ出ると桜並木が優しくつづいて、その正面に豊島師範付属小学校がなでしこの花のマークをかかげてそびえていた。（西条嫩子『父西条八十』）

も、その続き具合を桜並木が「優しく」させているわけではない。これは、

○しかし特別にと三つだけついてくれたその鐘の音は、その大きさから想像するよりは優しい音であった。

（香取正彦「巨鐘と対面、思わずうなる」『日経新聞』）

と同じように、その対象の様態を「優しく」と感じるのは、飽くまでその文章の筆者の主観なのである。すべて筆者の目を通してとらえられた景物であるから、筆者の感懐が加味されて当然と言えば当然である。

○がらんとした校庭の向こうに、平たい校舎が横たわっている。

（河合　弘『友・新美南吉の思い出』）

「平たい校舎が建っている」では、校庭の向こうに、広い空を背景に、地べたにへばりつくように、低い校舎が長々と見える、という視覚的な状況が、読者に伝わってこない。ここはどうしても擬人的に叙述するしか方法がない。文学的な文章に限らず、自然科学系の文章でも、ひっきょう言語で表現するということは、その筆者の心に映し、心の味付けとして叙述が行なわれる。人間の行為である以上、避けることの出来ない事柄である。

四、比喩表現に見る人間の眼

例えば笑うさまを表現しようとしたとき、どのような言葉が浮かんでくるか。最近は類語辞典なるものがたくさん出版されているので、そうした辞典類で言葉探しをする人も多いだろう。だが、例えば、笑いに関する語彙を探ると、

にこにこ、にやにや、にたにた、げらげら、けらけら、くすくす、へらへら、にこやかに、にっこり、にやっと、あははは、わっはっは、おほほ

など、擬態語や擬声語がいくつも浮かんでくる。笑い方ではその外、

腹を抱えて、抱腹絶倒、へそで茶をわかす、一笑に付する、噴飯（もの）

微笑、嘲笑、冷笑、失笑、哄笑、爆笑、朗笑、微苦笑

等、挙げれば切りがない。日本語には笑いに関する語彙は豊かだが、これらの一つ一つが皆、笑いの原因や、相手に対して抱く感情、笑う態度や笑うときの振る舞い、声の有り様、笑い方の品位などの点で、それぞれ異なっており、これだけたくさん単語が揃っていれば、笑いの描写に事欠かないだろ

うと思われる。が、実際には、文学作品などでは、笑いの実相を的確に描こうとすると、これら特定の笑い方の言葉では作家の心を満足させない。笑い全体に漂うムードまでも含んだうまい表現が出来ないものか。方法はただ一つ、比喩によって情況の実態に迫ることである。この方法は全体の雰囲気を伝えるのには優れているが、事態の理解は読者に任されているため、感覚の質に左右される点は大きいだろう。例で見よう。次に引用する例は、新婚間もない夫婦の間での会話である。


男は話し出した。

「ほうぼうという魚はあたまの大きい奴かい。」

「え。あたまの尖った魚ですの。紅い肌をした……。」

「ふふ、鯰とは反対な奴だな。」

女は返事のかわりにおかしそうに「ふふ……」と、なまじろく、うどんのような捩れたかおをしながら、しずかに、ふふ……と微笑った。


（室生犀星「愛猫抄」）

詩人上がりの犀星は感覚的に描写することに長けているが、詩の師である北原白秋は、この比喩を巧みに利用して、次のような言い換えを行なっている。話は、白秋邸に犀星一家と、その詩友の萩原朔太郎とが連れ立って訪問した折の場面である。

さるにてもはしたなき厨女かな。なになればとて彼女はうどんの如く、いな、マカロニのごとくもげらげらと転げ笑うにや。とても叱りつけんと思えど、早くも厨に逃げゆきしか、影も無し。

（北原白秋「山荘主人手記」）

「うどんのような」というと、しどけなくて、田舎くさく、やや下品なさまを想定するが、「マカロニのごとく」となると、同じ品位のない笑いといっても、遥かに都会的な、センスのある、洗練さを感じさせる。うどんとマカロニ、比喩の引き合いによって、全体の印象に大きな差が生まれるものである。では、次の例はどうか。

笑いでもしなければこんな話はできないよ。あたしの身になって見ておくれ。と、のぶはまた固い類の肉で蒟蒻のように笑った。

（和田　傳「沃土」）

和田傳は戦前から戦後にかけて活躍した農民文学の作家である。神奈川県の厚木の在で、近辺の農民の生活を精力的に描いた。右の文章も、農家の女の笑いを叙したもので、百姓らしく「こんにゃく」を比喩の引き合いとして用いている。「うどん」とはまた一味違った笑いの姿をとらえて成功している。蒟蒻で例えたことによって、同じ柔らかい感じにしても、うどんよりは硬質のぷりんぷりんとしたゴムのような弾力性が伝わり、教養のほどは感じられないが、より健康的な農家の女の笑いが目に見えてくる。

このように見ていくと、「〜ような／〜ように」で表される直喩（明喩ともいう）の修辞技法は、比喩の対象とそれの引き合いとの関係も、もちろん注目しなければならないが、引き合いに出される事物（うどんや蒟蒻）の、どのような様態が問題の性質や現象（ここでは笑い）と共通点が認められ、比喩の連想を成り立たせているのか、その点をはっきりさせておく必要がある。これは前に述べた「青田買い」の場合とまったく同じ問題で、比喩はまさに人間の視点による表現行為の最たるものである。

さて、右に紹介したような作家個人の創造によるユニークな比喩でなくとも、私たちが日常何気なく使っている比喩は意外と多い。初めは誰かの創造であったに違いないのだが、その比喩が慣用化されて一般に用いられるようになると、ごく当たり前の状態形容の言葉となる。「割れるような拍手」と聞いても、もはや比喩の意識は薄らいで、一般の副詞語彙のように、激しい拍手喝采には誰しもがそのように言う。次に、慣用化されている直喩の例を掲げておこう。まず比喩として連想の引き合いに出された、例えられる事物を中心に分類し、それによって導かれた事態を、事物の状態から意志的な行為へと内容によって分け、順序立てて記述した。
(1)人や動物・物の属性を連想の対象として
(a)動物・人……〔性格〕ハイエナのような奴／禿鷹のような男／女の腐ったような奴。

〔身体〕豚のように肥っている。〔心〕蛇に睨まれた蛙のように心がすくむ。

〔人間行為の状態〕猫の目のように態度がくるくると変わる。

〔動作〕小鳥のような軽やかさ。〔労働〕こま鼠のように働く。

(b)物――〔身体状態〕氷のような手／雪のように白い肌／林檎のような頬っぺた。／綿のように疲れる。〔心〕鏡のような心境。
〔人間にかかわる状態〕泉のようにこんこんと湧き出る知識。

〔言語行為〕矢のような催促。〔日常の行為〕湯水のように使う。

(2)種々の現象の有り様を連想の対象として
〔事柄の状態〕地から湧いたように出てくる／降って湧いたような話／割れるような拍手。

〔現象〕天と地が引っ繰り返ったような出来事／飛ぶような売れ行き／羽が生えたように売れる／火の消えたような寂れよう。〔性格〕竹を割ったような気性。

〔表情〕こぼれるような笑み。〔人間行為の結果〕蚯蚓《みみず》がのたくったような字。

〔人間の状態〕水も滴るような美しさ／鈴を転がすような声／玉を転がすような声。

〔人間生活の状態〕盆と正月がいっぺんに来たような忙しさ。

〔日常の現象〕堰を切ったように涙がこぼれる。

〔日常の行為〕蜘蛛の子を散らすように逃げ去る／根が生えたように動かない／火が付いたように泣く。

(3)身に起こる事象の有り様を連想の対象として

〔物の状態〕手の切れるような一万円札。　〔事柄の状態〕歯の抜けたような寂れ方。

〔人間の状態〕頭が割れるように痛い／忘れたように痛みが消える／魂を奪われたようにぼーっとしている／地獄で仏に会ったようで助かった／身を切るような寒さ。

〔心〕頭から水を浴びたような恐怖／血の出るような思い／身を切られるような思い／目から鱗が落ちたような思い／夢から覚めたように真面目になる。

〔表情〕狐に摘まれたような表情。　〔言語〕奥歯に物の挟まったような物言い。

〔動作〕目の覚めるような演技。　〔労働〕血のにじむような努力。

(4)行為の有り様を連想の対象として

〔物の状態〕絵に描いたような美しさ。

〔事柄の状態〕赤子の手をひねるように簡単だ／掌《たなごころ》を返すように容易だ／芋を洗うような混雑／木に竹を接いだようにちぐはぐだ／雲をつかむような話／判で捺したように毎回同じだ。

〔現象〕蜂の巣をつついたような騒ぎ／水を打ったように静かになる。

〔心〕大船（「親船」とも）に乗ったような気分／清水の舞台から飛び降りるような決死の覚悟／砂を噛むような思い／手に取るようにわかる。

〔態度・表情〕鬼の首を取ったように得意になる／木で鼻を括ったような態度／掌《てのひら》（「手の裏」

とも〉を返すように態度が急変する／苦虫を噛みつぶしたような顔／棒を呑んだように目を白黒させている。

〈発声〉絹を裂くような女の叫び／気の狂ったように泣き叫ぶ。

〈人間行為の状態〉取って付けたような挨拶／判で捺したような通り一遍の挨拶。

〈言語行為〉噛んで吐き出すように言った／いかにも見て来たように話す。

〈日常の行為〉腫物に触るように注意して人に接する／目を皿のようにして捜す。

五、婉曲的に示そうとする日本語

「〜ように／〜ような」は「雪のように白い肌」「林檎のような頬っぺた」と、比喩としての用法のほかにも、まだいろいろな使われ方が見られる。例えば、

「その町は京都のような歴史のある町だ。」

は、京都を例えの引き合いに出して、その町の歴史のあることを相手に伝える。「京都のような」と言うことによって、町の由緒正さ、町並みに残る歴史の名残、歴史の重みを伝える町のたたずまい等が、自ずと相手に理解されていく。比喩の効用である。ところで、この同じ表現を次のように変えた

らどうなるか。

「京都のような歴史のある町は、むやみと町並みをいじることなく、末長く後世にその面影を伝える義務がある。」

これはAをBで例える比喩ではない。Bそのものを話の対象として取り上げる話題提示の用法だ。では、端的に「歴史のある京都は」と言うのと、どう違うのか。

(a)「あなたのような真面目な学生ばかりなら、先生は苦労しません。」

(b)「お前のようなぐうたら息子は、わしの子供とは思わんからな。何処へでも出て行け！」

まず、(a)では「真面目な学生」の一例として「あなた」が引き合いに出されたまでで、「あなた」の真面目さを述べるのが本旨ではない。「真面目な学生」をわかりやすく説明するための例示で、これも比喩の一種だ。AとBとが動物と人間のように類を異にするから、「禿鷹のような冷酷な男」と、はっきりとした直喩になるのであって、同類の場合は例示の意味が強くなる。

一方、(b)は「ぐうたら息子」一般として「お前」が例示されているのではない。「ぐうたら息子である お前は」に近い意味で、「お前」の中に見出だされる「ぐうたら息子」なるものは、という気分である。「あなたのように優れたお方は」など例はいくらでも作れる。要するに「あなた」イコール「優れたお方」なのである。先の「京都のような歴史のある町」も同じで、京都に見られるような歴史のある町らしさの代表として、京都を話題に取り上げる表現法である。そういう意味で、(b)の「Aのような」は、話者が話題とするAに自身が考えるある特別の内容を込めて「そのようなAは……」とAを指示する意識の表現と言ってよい。したがって、自身の考える内容Bを特に「AのようなB」と示さなくとも、じゅうぶん相手に理解がいくと判断すれば、Bを略して、「お前のような奴は……」「京都のような町は……」で済ますことが可能というわけだ。

ところで、この「Aのような」と類似した表現として、「Aという」形式が挙げられる。「お前という奴は……」「京都という町は……」などがそれである。もちろん「〜という」には例示の意識はない。話者が考える特別の内容B（ぐうたら息子）を内包したA（お前のような奴）とは違って、「お前という奴」には内に特別の意味は含まない。では、「お前は……」とは、どこが異なるのか。「〜という」表現には文脈によって種々の意味が含まれるが、「AというB」形式、例えば「京都という町」は、「京都」は「町」の一つ、この世に数多くある町の中の一つとして京都も存在するのであるから、難しく言えば「町」の下位概念、専門用語で言えば「町」は「京都」の上位語、「京都」は「町」の下位語ということになる。下位概念の「京都」を、より広い概念の「町」で指示するということは、「町」が意味するさまざまな事柄をあまねく含めた概念として「京都」なるものを話題に取り上げようとする。結果として「京都という町は……」は、端的に「京都は……」と言うよりも内容が広く漠然としてくる。それが直截に「京都は……」と言うよりも一クッション置くことにより表現がやわらげられ、ぼかされ、婉曲的になっていく。「という」の前が名詞でなくとも、

「今度のプロジェクトに賛成できないという人は遠慮なく言ってほしい。」

（森田良行・松本正恵『日本語表現文型』）

端的に「賛成できない人は」と言うときの、どぎつさは緩和される。表現の緩衝地帯の役割を担っていると言えよう。

「お前という奴は……」「京都という町は……」は、表現上の必要から用いられたものであるが、前が文の形となっている引用の「～と」の代わりに、この「という」に「ふうに」を加えた「というふうに……」が最近しばしば目に触れる。これを疑問視する意見が投書の形で新聞に寄せられたので、その一部を紹介してこの項を終えることにする。

「という風に」表現が急増中　（千葉県船橋市、六十三歳、男性）

近頃テレビ、ラジオに登場する人で「……は非常に重要である、という風に思います」、「……結論を出していただける、という風に確信しています」など、「という風に」なる挿入句を連発する人が非常に増えている。

その発言の文脈からは、この挿入句はまったく不要である。従ってこれは、単に語りを滑らかにするためか、あるいは体裁よく見せるためのものと思われる。

断定を避けるための表現、と見ることもできるが「非常に重要」とまで言っておきながら断定を避けるのは不自然である。

語りには時として「冗長」が必要であるし、また、時にことばを飾り立てたくなるのも理解できるが、「という風に」の連発は私にはかえって聞き苦しい。

（『朝日新聞』平成十六年十月二十五日）

言葉の駆使に当たって、話者の持つ視点が表現を左右し、対象との距離意識が日本語にさまざまな言い回しを生み出している良い例である。それにしても、なんと人間が色濃く言葉の背後から透かして見えていることか。

第五章　ことばの意味は対象を受け止める人間側の問題

一、状態形容の表現は使い手の意識や視点によって定まる

かつてインドネシアのバンドン市で、大学の客員教授をしていた折のことである。毎年、市内の日本語科を持つ大学・短大の学生たちが協力して「バンドン日本語文化祭」なる催しを開くということで、見学に出掛けて行った。展示や種々の催しが行なわれていたのだが、何といっても最大の目玉は、日本文化や日本事情に関するクイズで、現地の日本企業で働いている日本人数名が出題者となり、また、クイズの審査員として壇上で問題を読み上げる。それを、我こそはという学生がおおぜい挑戦して、正解の数を競う。とにかく最高得点を挙げた学生には、賞として日本行きの航空券が与えられるということで人気があり、どの学生も実に真剣にクイズに挑戦している。

ところで、そのクイズであるが、次のような問題が出された。

「日本は大きな四つの島からなっています。その名前を言ってください。」

チャレンジした学生は、即座に「北海道・本州・四国・九州。」と答えたのだが、考えてみると、インドネシアも同じ島国ではないか。それもスマトラ島とか、カリマンタン島（ボルネオ。一部マレーシア領を含む）とか、西イリアン（ニューギニア島の西半分）、それに日本の本州よりはやや小さいが、ジャワ島やスラウエシ島（セレベス）など、大きな島がいくつも散在している。日本の四国など、果たして彼らは「大きな島」として認識しているだろうか。日本人なら、佐渡島や淡路島、沖縄本島・奄美大島などとの対比から、確かに四国は大きな島なのだが、彼らにしてみれば、どちらかというと小さい部類と考えるチモール島よりも、まだ小さいのである。「大きいだ。小さいだ」と言う判断の基準は、身を置く社会で異なってくることは自明の理なのだが、いざクイズの問題作成となると、ついそのようなことは忘れてしまう。「琵琶湖は大きな湖である。」というのは日本人の常識で、アメリカ人には通用しない。大体「大きい」とか「小さい」とかいう判断の基準は、画一的なものではない。四国は佐渡や淡路に比べて「大きい」と考える比較対象を基準とする場合もあるだろう。また、自分たちの暮らす社会一般の常識的なサイズから見て「大きい」と認める場合もあるだろう。前者の例は(1)、後者の例は(2)である。

(1)琵琶湖より五大湖のほうがずっと大きい。　（比較対象基準）

(2)確かに五大湖も大きいが、日本の琵琶湖も大きいよ。　（社会通念基準）

抽象的な事柄を形容する「大きい／小さい」もしくは「大きな／小さな」は、物のサイズではなく程度強調の意味が強まるため、この社会通念が基準となることが多い。

○大きな賭けに出る。（＝思い切った）

○失敗した場合、損失も大きい。（＝馬鹿にならない）

○アイスクリームを食べ、小さい買物などをした。（＝ちょっとした）

（室生朝子『詩人の星遥か』）

○そのような、小さい小さい喜びを渚の桜貝をひろうようにしていた。第三者には、やはり何だか哀しい。（＝ささやかな）

（吉屋信子『ある女人像』）

○小さい秋　小さい秋　小さい秋　見つけた　（＝ささやかな）

（童謡、サトウ　ハチロー「小さい秋見つけた」）

人や物のサイズの場合、社会通念は、その社会にある同類の物一般の平均的な値が下敷きとなって、その社会での通念が形成される。自分の家庭内で「あの大きい机、二階に運んでくれない？」と言っても、「大きい机」は飽くまでその家庭内でのみ通用する通念でしかなく、よそへ行ったら、在り来りな普通のサイズの机と思われるかもしれない。琵琶湖を大きいと考える日本人の通念と根は共通である。このような特定社会の枠を取り払って、人類一般の共通観念としてとらえれば、その対象における同類一般に対してその程度性を問題とする意識へと広がる。全体における平均値が基準となるのである。

(3)あのジャンボ機は、ひときわ大きいね。　(同類における平均的な基準)

ジャンボ機一般の平均的なサイズに対して、今眼前にある対象を「大きい」ととらえる認定判断なのである。意識の底には平均的サイズという基準が尺度の物差しとしてある。ところが、このような絶対的な大きさではなく、たとえその対象が平均的なサイズを下回る、やや小型の飛行機であっても、今、必要とする目的に対してサイズが上回れば、

(4)乗客数を考えると、この飛行機でもちょっと大きいね。　(目的対象基準)

と言える。目的に対して相対的に大きいという適度性を問題とする発想なのである。「大きすぎる」とか「小さすぎる」がこれに当たる。

(4)この靴は兄には小さいし、弟には大きい。

「帯に短し、襷《たすき》に長し。」の例がそれである。次に、同じ相対的でも、目的との対比ではなく、そのもの自体の全体的な均整・釣り合いという感性に訴えて、あるいは全体的な機能という点で、その中のある部分が均衡をこわしている、機能的にバランスを欠いているという場合、全体を支える部分同士の対比関係を基準として、

(5)服のサイズの割に、襟がずいぶんと大きいね。（各部分との適格性基準）
(5)この程度の玩具の動力としては、モーターがいかにも大きい。（〃）

部分との適格性といった判断は、結果として「大きすぎる」という判定を下すことになるのだが、「襟」の例は感性的判断、「モーター」の例は知性的判断となる。(5)の、この感性的判断が、(3)の同類における平均的な基準の例に加味されると、同類一般と比較したバランスの違いとして用いられる。人間について述べると差別的表現となってしまう。

(5)枇杷は果物の中でも特に実のわりに種が大きい。
(5)このマスコットの人形は、体に比べてずいぶん頭が大きいね。（頭でっかち）

以上、(1)から(5)までは、対象における有り様を分析して、時には他の同類の物と比較して下す判断

であったが、それとは別に、発話者自身の心や視点に基づいて下す判断もある。

その第一は、自己の意識内容に基準を求めた判断で、予想や期待、先入観といった心に抱く内容を基準に、対象の程度や有り様を判断しようとする場合である。結果が予想に反すれば意想外・期待はずれの気分を伴うことになる。

(6)まあ、こんな大きいお子さんがいらっしたの。　（意想外、自己の予想が基準）
(6)ちぇっ、ずいぶん大きいなあ。同じくれるんなら、ポケットに入るような、もっと小さいのが良かったのに。　（当て外れ、自己の期待が基準）

第二は、自分自身の視点中心に、

(7)わあー、豪華客船って、間近で見ると、途轍もなく大きいのねえ……。びっくりした〜。（自己の視点基準）
○うみは　ひろいな　大きいな　つきが　のぼるし　日がしずむ　（童謡、林　柳波「うみ」）

というような、その折、その場面での、臨場感としての感懐や感覚である。これは、刹那的で、自己の主観中心の用法である。感情・感覚形容詞の多くは、一語で言い切り形で使うと、この(7)となる。

程度性を表す客観的な形容詞も感嘆的な文で用いると、やはり(7)となる。

「まあ、うれしい！」「痛いっ！」「おお寒！」「素晴らしい。実に素晴らしい。」

「偉い！よく頑張った！」「ご覧、あのビル。高いなあ！」など。


「大きい」のような客観的な状態形容詞は、この(7)の発展として、対象が人間や生物の場合、自己の有り様（時には人間の有り様）を基準に対象を眺め、己側との対比意識で対象の様態を判断しようとする。これも結局のところは(7)の一種である。

(8)お相撲さんて皆、大きいんだねえ。見上げるようだ。　（自己側の有り様が基準）
(8)象の耳は大きいね。人間の何十倍もある。　（同）
○ぞうさん　ぞうさん　お鼻が　長いのね　（同）　（童謡、まどみちお「ぞうさん」）

最後の例は、人間における顔と鼻のバランス、鼻の有り様を自然の姿として、それを基準に象の鼻を評価する。象にしてみればいい迷惑で、彼らから見ると人間の鼻は短くて醜いと評価するかもしれない。(8)は判断の基準に相互性があり、個人なら自分を、人類なら自分等の民族側を、生きもの全般なら人間側を基準に置くところに特徴がある。

このように見てくると、同じ一つの単語「大きい」でも、表現の成り立つ情況や対象に向かう話者の意識によって、実にさまざまな表現内容を生み出すことが分かる。形容詞「大きい」の持つ辞書的な意味とは別に、その語を使う背後の人間の表現意識が強く作用して、どういう情況的意味においての「大きい」なのか、使用の場面と文脈によって規定されていく。いかに人間のかかわりが言葉の理解において重要であるかの良い見本と言えよう。

ここでついでに、形容詞の隠れた基準について触れた貴重な研究を紹介しておこう。言語学者の鈴木孝夫氏はその著『ことばと文化』（岩波新書）で、五つの「かくれた基準」を提示しておられる。

①種の規準　普通の平均的なリンゴと比べて「このリンゴは大きい。」
②比率規準　「この建物は幅に比べて背が高い。」
③期待規準　小遣いをもらって、「なんだ少ない。」と不平を言う。
④適格規準　二十畳の大広間でも三百人の宴会には「せまくて駄目だ。」
⑤人形《ひとがた》の規準　「象は鼻が長い。」

この分類を、先の分類と重ねてみると、次のようになろう。

①種の規準は……(3)同類における平均的な基準。

②比率規準は……⑸各部分との適格性基準。
③期待規準は……⑹自己の意識内容が基準。
④適格規準は……⑷目的対象基準。
⑤人形の規準は…⑻自己の有り様が基準。

なお、本書で述べた、⑴比較対象基準、⑵社会通念基準、⑺自己の視点基準の三つは、鈴木氏の本が「かくれた比較の規準、つまり潜在的な物差し」についてのみ説明分類しておられる関係上、触れられなくて当然である。本書の、⑴比較対象基準は、明らかに比較の対象が明示された文脈であり、⑵と⑺は、そもそも比較対象そのものを想定していないのであるから、鈴木氏の分類の埒外ということになろう。

二、語の指示内容は使い手の意識や視点によって異なる

広い／大きい

先に引用した童謡「うみは　ひろいな　大きいな　つきが　のぼるし　日がしずむ」で、この歌の作者は眼前に広がる海を眺めて、「広い」と驚き、「大きい」と感嘆する。一つの同じ「海」という情景に接して、片や「広い」と言い、片や「大きい」と言う。だが、考えてみれば、「大きい」は「広い」

と違って、平面的な広がりとは限らず、立体的なものにも用いられ、その全体像の占めるスケールについての判断である。つまり、平面的であれ立体的であれ、そのものの輪郭がとらえられ、その輪郭によって切り取られる範囲の規模を問題としている。川や湖なら、向こう岸が領域の限界として範囲が限定できるから、川岸や湖畔に立って「大きい川だねえ。」「ずいぶん大きな湖だな。」と、その場の臨場感として言うことができる。一方、海の場合はどうかというと、見はるかす水平線の彼方まで渺々《びょうびょう》たる海原を「大きい海だねえ。」と言うことはできない。範囲の限定がないからである。もっとも、単語としては「渺々たる大海原」「大海の出日」（徳冨蘆花）のような複合語や漢語はある。概念的な語彙のレベルと、視点が深くかかわる表現のレベルとでは、差があるのである。その視点であるが、現実の場にあって述べる「広い！」は、その広がりに視野が重なって、広がりの場における視点として対象を「広い」ととらえる。海岸の渚に立って「海は広いな！」と感嘆し、大ホールに一歩踏み入れて「やあ、こりゃ実に広いホールだ。」と驚愕する。内側からの視点と言ってよい。一方、「大きい」はどうか。大きなビルディングを目にして「ずいぶん大きいビルだねえ。」と言い、塔の上から眼下を流れる大河を俯瞰して「銭塘江は聞きしに勝る大きな川だ。」と感嘆する。明らかに外からの視点でとらえている。現場における評価という点で、傍観して規模の程度を判断するのが「大きい／小さい」、内にあって広がりの程度を実感するのが「広い／狭い」だと言ったら、言い過ぎであろうか。「この鳥篭は、鸚鵡《おうむ》を飼うにはちょっと小さすぎるね／狭すぎるね。」も、「小さすぎる」と言えば飼い主の視点から、「狭すぎる」と言うと、鸚鵡の身になって、鸚鵡の視点を代弁する形での表現と言える。

角／隅

己の位置とは無関係に、話者が対象の外側・内側どちらの側に視点を置くか、その違いを二語で使い分ける例として「角／隅」を取り上げてみよう。英語でCORNERと言えば「角／隅」どちらも意味するが、日本語では、コーナーを形成する情況を、外側からの視点でとらえるか、内側からの視点で見るかで語を使い分ける。「机の角に腰をぶつけてしまった。」は外側の角ばった箇所を、「机の隅に花瓶を置く。」は上面の先端の内側部分を考える。内側しか有り得ない「部屋」などは「部屋の隅にテレビを据える。」と言えるが、「部屋の角」という言葉はない。「街角」「四つ角」などは道路側の視点でのネーミングだ。「角／隅」は一つの状態を内・外どちらの側から見るかの問題で、対象に二つの種類があるわけではない。「表／裏」なども、同じ一つの物に対して、どちら側に視点を置くかで、語を使い分けている例である。

出っ張る／引っ込む／窪む／へこむ

トタン板などが何かにぶつかって凹凸が出来た場合、盛り上がっている側から見れば「出っ張る」、裏側から見れば「引っ込む／窪む／へこむ」である。表裏どちらの視点に立つかが対義関係の語を使い分ける。ところが、一方の側しか存在しない情況では、話者の視点は常に表側からに一定していて、

「出っ張る／引っ込む」「出張り／窪み・へこみ」に裏の対立関係がない。次の例を見てもわかるように、いずれも外側からの視点に立っている。

「角が出張っているから、ぶつけないように注意。」「道路から引っ込んだところにある家。」「表面の出張りを削って平にする。」「地面の窪みをならす。」「笑うと頬にへこみが出来る。」

あふれる／こぼれる

容器に注いだ液体や細かい粒状の物などが満ちて入り切らなくなる折の状態を指す語に「溢れる／零れる」がある。『岩波国語辞書』の第五版には次のようにある。

あふれる【溢れる】いっぱいになって、こぼれる。こぼれるほどたくさんはいっている。「川の水が―」「広場に群衆が―」

こぼれる【零れる・溢れる】余って漏れ出る。液体や粒状のものなどが、あふれて落ちる。「涙が―」

内にあるものが満ち満ちて限界に達し、まさに外へと縁《へり》から漏れ落ちる情況に達する・達して漏れそうになる・漏れ落ちていく。この三段階のどの辺りまでを指すか微妙であるが、「溢れる」は容器の中、縁までに目線があり、「零れる」は縁から外側に目線が移る。なお、「溢れる」と「零れる」とは、情況として一部重なっているのか。それとも「溢れる」の段階に続いて、次の瞬間に「零れる」へと移行するのか。話者の視点が内から外へ、それにつれて目線も中から外へと動いていくとすれば、重なる瞬間は内・外同時にとらえているということになる。

○茶わんにお湯をついで、溢れたけれど零れなかった。

右の文が日本語として正しいか否か。溢れる段階と零れる段階が接しているだけなら、「溢れる極限まで来たが、零れはしなかった。」の意味で右の文は成立する。が、もし重なっているとすれば成立しない。溢れることは、すなわち零れることを意味するからだ。わかっているようで案外わかっていない場合が、結構あるものだ。

ある行為や情況に引き続いて起こる結果が同時進行なのか、切り離された別々の事態なのか、その判定は意外と難しい。

○電話を掛けたけれど、掛からなかった。

他動詞「掛ける」行為の結果、自動詞「掛かる」が自動的に成立するかというと、そうではない。電話を掛けたにもかかわらず、掛からない場合はいくらでもある。行為と結果が連動しない。掛ける段階と掛かる段階とは切り離された別個の事態なのである。難しく言えば、掛けるという行為の視点と掛かったというときの視点とが異なっている。二つの視点の並立である。したがって、ある視点でとらえた情況が、別の視点での情況と一致しなくて当然である。というわけで、右の文は十分成り立つ日本語なのだ。同じことは次の例でも言える。

○大学を受けたけれども、受からなかった。

受験を眺める視点と合格発表を考える視点とは、当然切り離されている。ところが、同じ他動詞と自動詞の関係であっても、次のような場合には、行為と結果が一つの視点でとらえられている。

○*机を窓から外に出したけれども、出なかった。

出すこと、すなわち出ることであるから、まだ出ていない段階では、出したことにはならない。「出す」という行為者の側に向けられる目線と、「出た」という机の側に向けられる目線とは表裏一体で、別個のものではない。したがって、右の文は日本語として成り立たない。非文である。

動詞の自他の関係ではなくとも、行為や現象と、それに続く結果とを以上のような目で眺め直すと、興味深いいくつかの点に気づく。

○溺れたけれども、死ななかった。

「溺れる」という現象を眺める視点と、その後に起こるであろう「死ぬ」という結果を見る視点とは、表裏の関係ではない。それぞれ別個のものである。したがって、右の文は成立する。溺れても死なない場合はいくらでもある。「溺れた。」そして、その当人はとうとう「亡くなった。」で、視点は時間的にもずれている。

囲う／囲む

対象に向けられる視点の異なりは、時に類義語の間でも問題となる。例えば、「囲う」も「囲む」も、何かの周りを取り巻くように連なって、外部から遮蔽する状態になる点で共通する。しかし、話者の視点という面から見ると、両者はかなり違う。辞書で見よう。（共に『岩波国語辞典』第五版より）

かこう【囲う】①外部の力が及ばないように、まわりをふさぐ。

かこむ【囲む】並んで周囲・境を限る。㋐ものを中にして、まわりに（並び）連なる。「かがり火を―んで歌う」「山に―まれた町」㋑まわりをふさいで中に取り込める。「秀吉、小田原城を―」「括弧で―」▽㋐は中に取りこめた状態にすること、㋑は中に向けて作用を及ぼすことに、重点がある。㋑に比べると「かこう」は外からの力をさえぎる意を主とする。

「囲う」は、外部の力が及ばないように、外からの力をさえぎる意を主とする。一方「囲む」は、中に取り込めて、中に向けて作用を及ぼすことに重点がある。例で見よう。

○父は非常に心配し、部屋をカーテンで囲うようにして、金盥に湯気を立てて（高浜年尾『父高浜虚子』）

○水は窪地の奥に湧いていた。（中略）周囲は小枝を挿して囲ってあった。（大岡昇平「野火」）

○この大森の奥には、いまも低い土地に百姓家があって、昔から日光を囲うて暖かにくらしていたが、（室生犀星「杏っ子」）

○この付近各所に、土塀に囲われた個人の家らしいのが幾つもある。（火野葦平「麦と兵隊」）

○道の片側には、空地を囲ったひば垣が長く続き、所々に五六本の杉の塊がお化けのようにのっそり黒くつったっていた。（石坂洋次郎「風俗」）

いずれも、内部のものを保護するために、周囲に何かを連ねて、外からの力を防御する意が込められている。話者の目は、外部に対しては受動的だ。類義の「囲む」はどうか。

○小田原城の東方に出ている徳川家康、反対側の西を囲む細川忠興、そのあいだを繋いで羽柴秀次

……はやはや敵を鳥篭へいれ候ておき候間
（野上彌生子「秀吉と利休」）
○相当ひどい評判や噂が彼を囲んでいたらしいが、私は知らなかったし、
（津島美和子『回想の太宰治』）
○ここでは青年と老人が同居し、被告と原告が手を握り、富豪と乞食が同じ食卓をかこんで盃をくみかわすという非常識が、いとも自然に行われているのに気づくだろう。（新島　正『ユーモア』）

「囲む」のほとんどの例が「山に囲まれた町」のような、先の国語辞典のⓐに当たる用法で、地理的な状態説明として現れる。（この問題については、第八章で再び触れる予定である。）ⓘの「囲んで、中に向けて作用を及ぼす」例は数えるほどしかない。右に挙げた例も、「食卓を囲む」は単なる「取り巻く」の意味で、物理的な作用を及ぼす場合といえば、「秀吉と利休」の例が唯一で、「噂が彼を囲む」は精神的に作用を受ける場合と言えるだろう。

さて、「狼が獲物を囲む。」のような、囲みの中に閉じこめた逃れられぬ対象に圧力を加えるという発想は、「内部に対して能動的な視点」に立つ姿勢である。先の「囲う」に見る「外部に対して受動的な話者の目」とは対照的である。単に「外側を取り巻く」といった情況の類似にばかり目を奪われていてはまずい。話者の視点において正反対なのである。事態に向かう「人間の目」に留意すべきである。

ある／無い

著者がまだ大学生の頃、某哲学者が大学に来られて講演をするというので、聴きに行ったことがある。どのような話であったかは、すっかり忘れてしまったが、一つだけ覚えていることがある。それは、事物の「ある」という認識と「無い」という認識とは両立しない、「ある」を否定すれば「無い」、「無い」を否定すれば「ある」で、互いに矛盾の関係にあるという話をされたことである。確かに論理としてはそうであろう。

○吾輩は猫である。名前はまだ無い。（夏目漱石「吾輩は猫である」）

というとき、「名前はまだ無い。」ということは「ある」の否定で、「無いけれど有る」などとは矛盾も甚だしい。「あって無きが如し」という言葉はあるが、これは「あっても、まるで無いようだ」という、あるにはあるが、ほとんど無いに等しいという比喩的な表現だから問題はない。

話を前に戻して、先の話を聴いたとき、論理学的には確かにそうであろう。西欧的な論理思考から言えば、それは間違いない。だが、日本的な思考でも、果たしてそうだと言い切れるだろうか？　と、懐疑的な気分になり、その後の話はほとんど耳に入らなくなってしまった。例えば、米櫃《こめびつ》の中を覗いている夫婦の会話で、妻「あら、もうお米があんまり無いわ。」　夫「まだ少しあるじゃないか。」
妻「これっぽっち、無いも同じよ。」

というとき、同じ米櫃を覗いているにもかかわらず、妻は「無い」と判断し、夫は「ある」と考える。小量の米に対して「無い」と「ある」と判断が分かれる。「無い」は同時に「ある」ということである。妻は今晩炊くに必要な分量を考え、それには足りないとの判断から「無い」ととらえ、夫は小量でも有ることは有ると理屈でとらえる。両者の視点の差が、「無い」と「ある」と、判断を分けさせている。

日本語では、対象にどのような視点で立ち向かうか、その折の話者の立場で語彙選択の判断が分かれる。「ある」と「無い」とは、存在・非存在という論理一辺倒では律しきれない心理的な面の濃い語なのである。だから、その存在に対してどの程度あるのか、また、心理的に「無い」と見做す場合にも、どの程度不足しているのか、その無さの程度を問題とすることができる。どちらにも程度の副詞が係り得ることからも、そのことは理解できる。

○あまり／ほとんど／まったく／全然……無い。
○相当／かなり／いくぶん／ちょっと／僅かに……ある。

「日本には地下資源があまり無い。」「財布に小銭がほとんど無い。」
○智恵子は東京に空が無いといふ、
ほんとの空が見たいといふ。（高村光太郎『智恵子抄』「あどけない話」）

もっとも、存在事物が単一の特定主体である場合、そのものの存在は「ある」か「無い」かの二者択一で、程度の副詞は付きようがない。「人間には必ず心臓がある。」「蛙にはへそが無い。」を「心臓がかなりある。」とか「へそがあまり無い。」とは絶対に言えない。一夫一婦制なら「私には妻がある。」を「妻がかなりある。」とは言えないが、一夫多妻の社会なら「あの酋長には妻がかなりあるらしい。」と言えるだろう。「ある程度の数や分量を持つ対象においては」との但し書きを付けておく必要がある。その数量の程度を査定する話者の目が、「ある／無い」の選択判断をなしているのである。そして、その判断の基準は、

「まだこれだけ有る。／もうこれしか無い。」

と、有る無しの量に対する期待値に応じて、「まだ／もう」のような話者の心を表す副詞の助けを借りて、その有無を判定するのである。判定の基準は、「米櫃」の例に見る必要度や希望値、「妻」の場合のような身を置く社会の通念など、この章の一で述べた状態判断の基準に拠っている。

小さい／細かい

「老眼が進んで、こう小さい活字では読みにくい。」
「老眼が進んで、こう細かい活字では読みにくい。」

どちらも活字のサイズを問題としている表現であるが、印刷紙面に向ける話者の意識は大いに異なる。「細かい砂」「細かい雪」「細かい縫い目」「細かい心遣い」などを見てもわかるように、「細かい」で示されるものは、いずれも小さな同じ事物が集まって全体をなしている。その一つ一つを問題としている意識の時に用いられる。一つの文字を取り上げて「細かい字」とは言えない。「小さい字」である。「細かい縫い目」や「細かい網の目」など、等間隔で並ぶその隙間が小さい場合もあるが、集合状態にあるという点では差はない。新聞を読みながら先の言葉を発するときも、話者の視点が一字一字にあるか、紙面に広がる文字の群れをある纏まりとしてとらえるか、その違いが語彙選択の分かれ目となる。

三、意味・用法の拡大や自由な造語もことばの使い手次第

第四章の第三節「擬人法に見る人間の目」で、すでに述べたことであるが、例えば、

○せっせと雪が降っている。午前中はつもるというほどではなかったが、……

（直良三樹子『見果てぬ夢「明石原人」』）

で「せっせと」は、辞典類で「たゆまず一生懸命に仕事をするさま」（岩波国語辞典）と説明しているように、明らかに人間の意志的な行為を形容することばだが、小止みなく降り続く雪を、一心不乱に事に励むさまと共通するとの認識から、拡大使用したわけで、あくまで表現者の自由な語感を拠り所としている。このような感覚的に共通する情況に、語を拡大使用する方法は何も擬人法に限ったことではない。特に文学的な文章になるほど、その傾向は強くなる。とは言っても、利用できる語彙にはかなり制限がある。一般的には「せっせと」のような擬態語に多く見られる。表現者が感覚的にそうだと思えば、自由に既存の擬態語を借用して、説明的な叙述では不可能な表現効果を収めるのである。実例で見よう。

○坂はよごれた雪を載せて全部かたかたに凍てていた。

（若山牧水「吾妻の渓より六里が原へ」）

○三島の祖母は、そんなまわりの状況だっただけに、初孫の三島をめためたに可愛がったのである。

（山本祥一朗『作家と父』）

道路の凍結した様を「かたかたに凍てる」と形容詞し、孫への可愛がりようを「めためたに可愛がる」と表現したのは、明らかに「かちかちに凍る」「めちゃくちゃに可愛がる」からの連想で、類似の形を取りながら、しかも独自の感覚を生み出している。作家の吉本ばななは、このような独自の擬態語の名手で、その作品にはこのような表現が随所に顔を出す。以下、彼女の作「哀しい予感」から四例抜き出してみよう。

○床に投げ出された細い足首は彫像のようにつるりと整っていた。
○揺れが体にしみこんでしまいそうだ……眠っていたのかもしれない。くっきりと見ていたのかもしれない。
○あまりのせまさに私は「ぎっしり」すわっているかっこうになっていた。
○いつもドブネズミ色のスーツをがっちり着込んで、化粧を全くせず、髪の毛を黒ゴムできっちりとひとつに束ねて、……

足首の整ったさまを、彫像からの連想で「つるりと」と述べることで、滑らかさが感じられる。また、「はっきりと見ている」なら在り来りだが、「くっきりと」とすることによって「見える」状態の説明、（例えば「富士山がくっきりと見える。」のように）自ずと目に映るさまとして描かれる。それが、うとうとしていて、見るとはなしに目に映っているという状況をうまく言いあてて、前の「眠っていたのかもしれない。」が生きてくる。次の「ぎっしりすわっている」も、狭い場所に大勢の人が詰まっているさまの「ぎっしり」で、膝を突き合わせるように不本意にも座していなければならない気分を伝えようとする。最後の「がっちり着込む。」はどのような状況であろうか。「がっちりした体躯。」「力士が互いにがっちり組み合う。」などからの連想として、隙間なくぴったりと、形が崩れないような感じに、しっかりと着込むことか。読者によって描くイメージはさまざまであろう。続く「化粧を全くせず、髪の毛を黒ゴムできっちりとひとつに束ねて」の叙述から、蛮カラな厳《いか》つさも加わって、その人物の人間像が何となくイメージできるのではないだろうか。「がっちり」に似た「がっしり」の例としては、牧水の次の例が頭に浮かぶ。

○小学校から眼を移すと、これも気の附かなかった浅間山がその坂道の真正面の遠空にがっしりと浮かんでいた。
（若山牧水「吾妻の渓より六里が原へ」）

○四辺には雪がまだどっぷりと残って居る。
（若山牧水「草津より渋へ」）

浅間の山容を「がっしり」ととらえている。男の頑丈で大きな体躯からの連想であろう。「どっぷり」は普通「どっぷり浸かる」で用いられ、液体の中やある環境に十分に身を置く様子で、それが、居座るように雪の十分にその場にあるさまとして転用されている。歌人の自在な連想の手腕を感じさせる。「どっぷり」には次のような例もある。

○いま年齢を調べてみたら昭和二十三年二月生まれだから、どっぷり中年である。
（金田浩一呂『文士とっておきの話』）

中年の中に身ぐるみすっかり浸かり切っている、まさに完全な中年だということを表現したかったのであろう。「中年の生活にどっぷり浸かっている。」ということを、言い換えたものか。

○「ミミー！」と、三好さんがきっぱり叱る。と同時に吠え声は止み、三好さんの足元に坐り込んでしまうのだ
（萩原葉子『天上の花』）

○「とても駄目ですって、忙しくて。」母も姉に逢いたそうだったが、きっぱりと受話器を置いた。
（高木遥子『遥かな父・虚子』）

「きっぱり」の例を二つ挙げておいた。「きっぱり」は、「きっぱり断る。」「きっぱりと言い切る。」のように、相手に遠慮せずにはっきりと述べるさまを表す。そのはっきりとした決断の態度が、その他の行為に拡大使用されて、右のような使われ方を生み出すのである。ためらいがなく、てきぱきとした態度で、はっきり事を行うのである。他にも、「タワシの水をきっぱり切る。」（宮尾登美子）、「私がきぱっと撃退した人だった。」（幸田　文）など、似たような例はいくつも見受けられる。女性の文章によく見られるようである。

個人による自由な造語

「きぱっと撃退した。」のような擬態語以外で、個人が創造するということは、自由なようで案外と難しい。既存の語の転用という面では、規範的な立場では許されない、想定外の語に意味的に係っていく修飾法で、語結合の意味範囲の拡大と言えるだろう。

○母より四歳年上の姉、宇野の伯母がさして長患いもせずあっさりと亡くなってしまうと、そのショックで、以後は歩くことができなくなってしまった。（冨家素子『童女のごとく』）

しつこさのない「あっさりした味」や、「あっさり断る／引き下がる／諦める」など、ねばるところなく簡単に済ましてしまう意志的な行為についての形容に用いられる。それを非意志の現象、人の死に応用したわけで、感覚としては実にぴったりな使われ方となっている。このような擬態語の範囲を超えて、さらに一般語彙にまで援用すると、詩歌など特別の文学においてならいざ知らず、普通は誤用とか悪文とかの烙印を押されてしまう。室生犀星の詩に「寺の庭」というのがある。

つち澄みうるほひ／石蕗《つわ》の花咲き／あはれ知るわが育ちに／鐘の鳴る寺の庭

この「つち澄みうるほひ」が問題で、「土が澄んで潤う」とはどういう状況か。土が澄むという結びつきは、本来ない。しかし、晩秋から初冬にかけての冷たい澄んだ空気の中で、黄色に楚々と咲くつわ蕗の下に広がる湿った土、詩人の三好達治がこの詩に接して感激し、この詩を評して、あそこはどうしても「澄みうるほひ」でなければならないと述べたという。またこんな話もある。やはり室生犀星の「春の寺」という詩に

○うつくしき寺なり／み寺にさくられうらんたれば／うぐひすしたたり／さくら樹にすずめら交《さか》り／（以下略）

というのがあるが、この詩についての三好達治の感想を、やはり詩人の滝口雅子が、次のように紹介している。

○そのとき編さん中の「室生犀星全集」中の詩の部分を三好さんは気にしていて、「〈篤したたり〉というのはあれでいいと思うね。そうだろう。〈篤したたり〉なんていう言葉はないにきまっているが、室生犀星は〈篤したたり〉と言わずにおれないんだよ」
三好さんはくり返しそれを言われた。　（滝口雅子『わがこころの詩人たち』）

このような感覚的に共通する状況に既存語を拡大使用する方法は、極めて感性的で文学的な手法で

ある。それに対し、次に紹介するような本来、語結合をするはずのない単語同士を組み合わせて、新たな複合語を造る「新語造り」は、理知的な手法と見てよい。表現者のウイットとアイデアの産物だ。いくつか目についた例を紹介しておこう。

○神主の白い衣と、海と、東尋坊の岩の形とを同時に目にいれていた。海風が強くて、神主の声も吹きちぎれていた。

（滝口雅子『わがこころの詩人たち』）

○かな〳〵や川原に一人釣りのこる

「釣りのこる」という言い取りに、時間の経過が含み込まれ、おのずから自己をかえりみるような寂寥の心持がさりげなくにじんでいる。

（小室善弘『文人俳諧の世界』瀧井孝作の項）

和語でこのような新しい組合せに成功すると、優れて感性的な素晴らしい表現を生み出していく。それに対し、漢語で新たな熟語を考案すると、自然な感じの場合は成功するが、失敗すると、いかにも無理して造り出しましたというような不自然さを伴ってしまう。

○魚城移るにや寒月の波さゞら

魚の大群を言う「魚城」の語は、作者の造語であろう。

（小室善弘『文人俳諧の世界』久米正雄の項）

○陸軍は紅一点の芙美子さんがすばしっこく久米団長をおいてけぼりにして漢口一番乗り。団長さん面目を失して微苦笑（氏の造語）の一幕が生じた。

（吉屋信子『私の見た人』「久米正雄」の章）

○この手紙は久米の『微苦笑随筆』に収録されているのであるが、

（河盛好蔵『作家の友情』、久米は久米正雄）

○彼は自分の芝居のことを表現するときよく「苦楽しい」という言いかたをした。

（芥川瑠璃子『双影』、「彼」は芥川比呂志）

○「話欲」という言葉もよく使った。彼のお喋舌りなことは評判になっていて、親しい方々にとって迷惑な深夜の電話魔であった。病気で入院中は、殊に呼吸器疾患は喋舌ることを禁じられているから、喋舌ることの好きな彼には最大の苦痛であったに違いない。

（芥川瑠璃子『双影』）

「魚城」や「話欲」など二字熟語は自然な感じで落ち着くが、「微苦笑」「苦楽しい」となると首を傾げたくなる。大宅壮一は戦後林立した地方の国立大学を「駅弁大学」と評したというが、「駅弁」から受ける軽さがいかにも皮肉で、作者の機知とユーモアが見て取れる。

遥か昔のことであるが、著者が日本語研究の指導をしていた折、インドから来た日本文化研究を志す若手の女性研究者が、ある時、次のような質問をしてきたことがある。

「先生、日本は明治維新を経て間もなく、小学校から大学までの教育体制が整って、大学では英語でのレクチャーとは別に、日本人による日本語での専門的な講義が行われたと聞きますが、西欧から怒涛のごとく押し寄せる文化の波を、どうやって当時の日本語ですべて賄うことが出来たのですか。不思議でなりません。インドでは考えられないことです。」

と。そこで当時の日本語事情を説明して、次のように話を結んだ。

「それはですねえ、当時は漢語がどんどん造り出されて、新しい概念や事物の名称に新漢語を充てていったんです。時には中国語の辞書から借用したりもしてね。漢字は皆意味を持っていますから、それらを組み合わせることによって、いくらでも新しい概念にあった言葉を工夫することが出来るんです。漢字は難しいですが、文字を見れば熟語の意味も大体つかめますから、とても便利なわけですね。あなたも、耳で聞いてはぴんと来ない言葉でも、文字を見ると何となく理解できるという場合があるでしょう。」

そして、明治の新漢語についての専門的な研究書や雑誌をいくつか紹介した。新しい物品や概念に対応するために漢語の造語力を利用するやり方は、昭和の時代までは結構盛んであった。今、思い出されることに、宇宙飛行士三人を乗せたあのアポロ八号が、月の周りを回る衛星軌道に入って、月の裏側の写真を地球に送ってよこしたニュースはもう昔の話となってしまったが、その折、月の向こうに地面すれすれに浮かぶ地球の写真を送ってきて、それが新聞に載ったことがある。その紙面には、半面を埋めるほどの大きな写真が掲載され、わきに「月平線にうかぶ地球」と、ポイントの大きい活字で見出しが掲げられていた。（一九六八年〈昭和四十三年〉十二月三十一日、朝日新聞）

地球なら水陸両方あるから、「水平線」に対しての「地平線」だ。地平線の「地」は陸地の意味だと思うが、「地」を使うと「地球」と紛らわしいので、「月平線」と言ったのだろう。なかなかのアイデアだ。その後、月平線に関するニュースが無いので、この新語が目に触れる機会がなくなって、消えてしまったのは返す返すも残念なことである。

機知によるうまい漢語の新語造りが廃れて、最近はやたらとカタカナ外来語の洋語に言い換えられる、これも時代の趨勢というものか。

第六章　対象や状況の把握こそが語彙選択の決め手

一、動詞に見る判断基準の有り様

前の章の初めに、形容詞の判断基準について八つの基準を立てて述べたが、その中の、「こんな大きいお子さんがいらっしゃったの！」に見られる〝自己の予想や期待〟を基準とする⑹と、「海は広いな大きいな！」の〝自己の視点基準〟⑺とは、話者の内的な意識を基準として外界の対象をどんなだと判断するという点で特異なグループである。その他は、⑴他と比較したり、⑵社会通念を拠り所としたり、あるいは、⑶同類の平均的有り様や、⑷目的と対象との相対関係や、⑸全体のバランスを考慮しての判断、もしくは、⑻自己のスケールを手掛かりとするなど、いずれも話者から見て外的な事項を基準としてその対象の状態を判断するグループだと言える。つまり「……は大きい」とか「……は長い」など客観的な形容詞での叙述の多くは、内的意識を基準とするより、外的な事柄の何かを基準として「どんなである」と判断しているわけで、内的な意識が直截に表現されれば「懐かしい！」とか「痛い！」のように、基準とは無縁の感情や感覚の吐露となってしまう。

基準の観点で日本語の品詞を眺めてみると、動詞は極めて客観的な基準判断を行っている。客体界の何かを拠り所として、対象の現状をどんなだと、とらえるのである。副詞の問題に入る前に、まず動詞の例を見よう。

残る／余る

受け入れの可能量・対応能力を対象が超えている場合、その範囲の上限を上回った部分は余分なものとして収まらない。つまり「余る」のである。意図的にそのように持っていけば「余す」ことになる。逆に下回れば「足りない」「不足する」わけであるが、これは「金」や「オイル」「料理」「時間」など数や量を問題とする場合である。「運動が足りない」のような対象の数量を問題とするのではなく、自身の行為の量が問題である場合には、対象との相対関係ではないから、受け入れる己側を基準に「運動が余る」と言うわけには行かない。「力に余る」などは「課せられた任務」対「己れの能力」の関係において、後者を基準にして、その能力を超えているから、超えた部分が「余る」わけである。反対なら「力不足」「力が足りない」であって、任務が足りないという発想はしない。任務側を基準に据えて、力のほうが不足しているというとらえ方である。このような抽象的な事柄は別として、事物の数量を問題とする例では、(1)入れるべき物の分量と容器の収容能力、(2)解決すべき課題に対する当方側の受け入れ可能量、この二者関係において受け入れる側の能力を基準に据えて、対象の数や量がそれを超えていれば、その分が「余る」こととなる。つまり基準は、容器の容量とか割り当てられた時間や金額の範囲内という甚だ客体的な外的事柄である。

「残る」はどうか。「金・借金・財産・料理・ごみ・雪・時間・傷・匂い……が残る。」など時の経過にしたがって減少していくという前提の物が、ある時点を基準に据えて、その時にまだ存在していることをいう。時間経過の中途の段階、任意の時点を基準とするわけであるから、ある時点で残りはゼロとなり、「まだ残っている→いくらか残っている→ほとんど残っていない→すっかり無くなる」という過程を踏む。「余る」のような受け入れ事物との相対関係ではないが、時点という客観的な外的条件を基準とする点では、当人の主観の外にある判断と言える。

余分／余計

「余る」系列の語として、動詞ではないが「余分」と「余計」がある。話の流れで触れておくが、この二語は類義語であるが、基準の観点から見ると、そこに差が認められる。「余分」は、必要とわかっている一定の数量を基準として、それを超えた追加部分。「念のため余分に金を持たせる。」「いちおう余分の金を用意して、万一に備える。」「弁当は余分にいくつか用意してあるから、多少人数が増えても大丈夫です。」基準は、前以てわかっている既定の数量や金額。外的な客観的数値である。

「余計」は、「安く手に入るというのに、正価で買うとは余計な金を使ったものだ。」「三人呼んだのに、五人も来るとは、二人余計だ。」「それは余計なお節介だ。」「余計なことを言うな。」等の例から勘案すると、不必要と感じているにもかかわらず、無駄な数量をさらに加算する状況の時に用いられるようである。つまり、事前に追加するのではなく、その状況になって生じた結果を無意味な追加ととらえるのである。基準はあくまで余計が生じた時点での〝増えすぎだ〟という話者の認識にある。そこから「ただでさえ臆病なのに、そんなこと言われたら、余計怖くなった。」の臆病さの増加、〝ますます〟の意味が生まれてくる。不必要な増えすぎはマイナスの評価となりやすい。外的な基準の「余分」に対して、内的な認識基準「余計」は、評価性と深くかかわりあっている。

割る／切る

「百メートル十秒を切る速さで駆け抜けた。」「完成予定まであと一年を切った。」

「応募者が四十名を割ったので、この企画は取り止めにします。」「原価を割る。」


「切る」と「割る」とは、右のような文脈では類似の意味を担う。しかし、基準の認定という観点からすると、差が見いだされる。「切る」は十秒という基準値を超えて多かったものが次第に下がり、基準値に近付いていて、ついに基準値に達し、やがてそれを超えて基準値以下となる。基準値を超えて減少することに価値を感じ、プラスの評価を下す。

一方、「割る」は、「少人数クラスとはいえ、受講生がやめていき、五名を割るのは、採算制から見ても好ましくない。」のような、減少の結果ある基準値に達してそれ以下となる状況は「切る」と共通するが、「切る」と違って減少することにマイナスの評価を抱く。また、逆方向の増大の場合、初め少なかったものが次第に基準値に近付いていくのだが、基準値に達することなく終わってしまうという意識も「割る」である。四十名という基準に遂に達することなく終わるのが「四十名を割る」。当然、基準値を超えることに価値があり、増加・増大の目的の未達成感、これもマイナスの評価である。数値目標の基準値そのものは、「切る」も「割る」も客観的な外的数値であるが、そこへの到達へ向う状況に話者の意識差が見られるのである。

「余る／残る」「切る／割る」これら動詞に見られる基準は、いずれも客観的な存在で、話者の内的な認識や判断の面に類義語間の使い分けの差が見て取れるといった程度である。前の章で述べた形容詞に比べて、動詞はより客観性が強いことも、以上の事実から伺い知ることが出来るのである。

二、副詞における判断基準は人間側の視点中心

動詞は動作や現象といった動的な概念の語が多く（状態性の語も、もちろんあるにはあるが）、それだけ具体的意味となりやすい。形容詞は状態形容として名詞や動詞を修飾することの可能な語だけに、抽象性を帯びる。他者の行為を叙述する「喜ぶ」という具体的動作よりは、自身の感情内容の吐露「うれしい」のほうが抽象性が遥かに増す。が、当人の喜びの感情という点ではまだ具体性が残る。それがさらに「とてもうれしい。」となると、単なる程度強調となり、完全に抽象的となってしまう。形容詞「良い」には〝良好・善良〟という具体的意味がまだあるが、「子供がよく一人で外国まで行

けたわねえ。」と副詞として用いると、もはや〝良好・善良〟の意味はない。〝見事に・立派に〟に近い意味となり、さらに「よく行くスーパー。」となると〝しばしば〟という程度性の意味しか表さなくなる。完全に抽象化されてしまう。形容詞など用言は、体言の修飾用法という幾分の抽象化がなされるが、副詞となると、その用言をさらに修飾するという二重の抽象化によって、甚だ具体性が希薄となる。それだけ話者の内的な主観による認定判断が強まるというわけだ。具体的な用例に入ろう。

ごく／ほんの

「ごく」は、状態の程度において〝極端な度合い〟であることを表す。程度の軽いほうは「ほんの」であるが、こちらは専ら数量の少なさ、ないしは名詞に係って〝取るに足りない〟状況であることを導く。つまり、「ほんの」で表される状況は、その程度性の低さをマイナスの評価としてとらえているのである。それに比べ「ごく」は、その極端な度合いがプラスの評価・マイナスの評価どちらの場合にも用いられ、また、評価とは関係のないニュートラルな場合にも、広く用いられる。

○白鳥座の六一番星は一一・一光年の距離にありますが、これは我々にごく近い星です。

（宮本正太郎『宇宙についての基礎知識』）

星の距離は、人間の視点から考えれば「遠い」に決まっている。しかし、宇宙規模で見れば、この程度の距離は取るに足りない「ごく近い星」なのである。「近い」という判断の基準は天文学上の比較基準によっているが、それを「ごく」と考える認識は、近さの程度強調で「とても／すごく／極めて／大変／非常に」などと同じく、その折、その話題から話者が受ける印象で、主観的なものである。客観的な外的基準「近い」に対して、主観として「ごく」と考える。内的な判断である。

つい

「つい」には「つい子供にかまけて、仕事が疎かになってしまう。」のような、「うっかり」「思わず」に近い自身の心理状況を述べる用法のほか、外界の至近の状態に対する

「つい今し方お帰りになりました。」「つい目と鼻の先に郵便ポストがある。」

と、時間・空間の用法とがある。前者は内的な己の精神状態を、後者は外的な事柄を対象としているが、「つい」によって表明される至近意識は、根は共通である。そして、いずれの文脈においても、「つい」を省いても全体の文意に変わりはない。では「つい」と述べる表現意識は何であろうか。

「これ、中山ちゑといって、女子医専に行っているんだよ。」

にっこり会釈した。けっこう美しい人である。

「つい近所でね、ずっと前から知ってるんだ。」

（河合　弘『友・新美南吉の思い出』）

「つい」の判断基準は、その対象を意識するか否かの境界線にあると思われる。近所すぎて〝あの家〟といった感覚を持たない、ほとんど意識することのない至近距離なのである。「ついさっき帰った。」も、それが何分前か意識しないほど、ほんの僅かの前なのである。「つい子供にかまけて」の例も、やらねばならぬ仕事が意識の彼方に置き去りにされて、子供の方にのめり込んでしまうのである。その家への距離、その人の帰った時間、そして、やらねばならぬ仕事、このような外的な事柄が忘却の彼方へと押しやられ、内的な自身の心理的志向へと目が向けられていく。これが「つい」の発想であると言ってよかろう。

ちょうど

「ちょうど」ととらえる判断の基準も、話者の意識内にある。ある条件と問題とする対象とが、ぴったり相当して、ずれが無いのである。

「ちょうど時間となりました。」「僕のちょうど真ん前で電車のドアが開いた。」「子供が扱うのにちょうど手ごろの大きさ。」「部屋の雰囲気にちょうど合うお誂え向きのカーテン。」「不意の来客だったが、ちょうど買い置きのクッキーがあったので、助かった。」

条件そのものは、終了予定の時刻だったり、プラットホームに立つ自分の位置だったりと、外的な事柄もあるが、条件と対象とが一致していると判断するのはあくまで内的な主観である。両者の一致は、たまたま偶然、ないしは、なるべき時が来てそうなったまでのことであるが、それを〝まさにぴったりだ〟と受け止める判断の基準は話者の主観でしかない。部屋の雰囲気とカーテンの色との釣り合いを判断する目は、人それぞれに異なるであろう。当人の美意識の差を考えれば、明らかに判断基準は個人的なもので、前の二例、時間や位置の一致といった客観性の濃い場合でも、それをあえて「ちょうど」ととらえる心は、カーテンの例と変わりはない。その結果、一見客観性が勝っていると思われる「ちょうど」の例でも、同様に〝うまい具合に〟〝幸いにも〟といった言外のニュアンスが読み取れるのである。「ちょうど」は決して二者の一致といった客体界での符合のみを意味しているのではない。

なるほど

他から入ってきた知識や情報・意見、さらには現実の状況などに接して、その正しさ、理屈・道理・真理などに気づいて、もっともだと納得したり、感動したりする話者の心を表す。そのため、ほとんど相づちとしてしか機能しない例も見られるのである。相手の意見にそうだと納得し、感心する気持ちから発せられる。話者が外界の状況の中に潜む真理を見出だして感激したり、得心が行くといった気分の時にも「なるほど」が現われる。そのような心理状態を生み出す源は、外から入った情報や、自身が外との触れ合いの中で得た知見を、心内の鏡に投影して、己の知識や理解や鑑賞眼の基準値を超えれば、軽い驚きや納得、感動といった精神活動を引き出す。それが「なるほど」の基本心理である。

○近所に他にお寺でもあるのかと聞くと、釈迦堂が一番近いが其処には人がいないのだから先ず一軒だちの様なものだという。

なるほど四方を深い木立に距てられた一軒だちの寺であった。（若山牧水「比叡山」）

やはり

話者が現実の状況に直面して、自身の観念内にある予測や期待、通念・固定観念などに照らして、ほぼ現状がその通りであるとの認識を表す。あるいは、その通りでなければならないと確信して、己の観念にこだわり、それを否定ないしは覆すことができないとの念押し的主張を表す。「本場の味はやはり違いますねえ。」は前者、「誰が何と言おうと、やはり法は曲げられない。」は後者の例である。

○その土間の真中に、大きな大便がしてあったので、驚いて知らせると、それではやっぱり昨日泥棒が其処に隠れて居て、一晩中、家の様子を伺って居たのだろう（夏目伸六『父・夏目漱石』）

○「先生の触診の結果は、ゼンリュウ腺のガンのようだと言うの。……」と、病院での話をした。とうとう、やっぱりなど、一瞬いろんな想いが頭の中を駆けめぐった。

（小町谷新子『一生の春』）

○始めに会った方は、髪はやはり真白だが、お年は私よりもっと若い方で、目礼して過ぎて行く。

（林　伊勢『兄潤一郎と谷崎家の人々』）

初めの二例は、事態が予想通りであったことへの合点で、予測という内的基準と一致したことへの納得である。予測の合致という点では「案の定」に近いが、「案の定」は予想した動作や現象に対する積極的な肯定。当人の予測どおりに結果がなっていったことを、当然そうなるべくしてなったと、予想の的中を我が意を得たりと認める意識。それに比べると「やはり」は、うすうす予想はしていたが、出来ればそうならないことを願う気持ちが強く、しかし当初の予想した結果に結局はなってしまった。予想が現実となることを消極的に認知する意識である。

三番目の例は少々難しいが、話者の心理内容として〝これまでの人物の、あるいは話者自身の髪が真っ白なのだが、この人物の髪も同様だ〟という状態の一致が、仲間意識としての期待に添っていることへの納得と、それにもかかわらず当方側と相違する（つまり完全な仲間とは言えない）点が有ることを「だが」の逆接で示している。会う人物の髪の色を予測したり期待したりすることは先ず有り得ないが、たまたま同じ状態にあることへの発見は、「××と同様やはり……だ。」の形で、同類であることへの軽い期待と、同じであることへの発見、さらには、それを確認して自らに言い聞かすような心理の流れが、後者の「やはり」には込められている。いずれにしても、「やはり」と言う以上、予測や期待・通念などの内的基準が話者の心理として働いている。

三、視点の相違から類義副詞における判断基準を考える

これまで人間心理に基づく副詞語彙の中から、特に日本語的視点の色濃い語例を取り上げて、その発想の特色を眺めてきた。そこで、次に視点を変えて、一語一語ではなく、類義関係を取る幾つかの副詞グループに目を移すことにしよう。各語ごとに異なる人間中心の視点の比較は、類義語の意味比較にとって欠くことのできない重要な問題なのである。初めに「とうとう」と、それの意味にかかわりを持っていると思われる語群について見ていくことにする。繰り返しになるが、先の「やっぱり」のところで紹介した例文から、先ず話を進めることにしよう。その例文とは、作家の瀧井孝作の娘（小町谷新子）が父親の病気は前立腺癌らしいとの話を聞かされて、受けた想いを述べた部分である。

○「ゼンリュウ腺のガンのようだと言うの。……」と、病院での話をした。とうとう、やっぱりなど、一瞬いろんな想いが頭の中を駆けめぐった。

（小町谷新子『一生の春』）

　ここの「とうとう、やっぱり」は、〝予測はしていたが今すぐということでもあるまいし、あるいは、予測が外れることもあるかもしれない〟と漠然と考えていたが、その予測どおりに（＝やっぱり）、くるべきものがきた（＝とうとう）。時の経過に伴って現実となってしまい、絶体絶命の瀬戸際にまで最終的に追い込まれ、それが実現してしまう。もはや避けることのできない諦め。それが、この文脈での「とうとう」の発想である。ということは、絶対有り得ないことではない。仮になったとしても、まだ先のことと余裕を感じていたのであるが、種々のいきさつの挙げ句に現実となってしまう。その迫り来る現実に対しての諦念ということでもある。予期という点で「やっぱり」と同じ土台に立ち、その現実化という点で通じ合う一連の副詞ゆえ、共通の文脈に並び立っているわけである。他者の成り行きに対する「とうとう死んでしまったか。」のような傍観者の視点と、自己の成り行き「とうとう白状しちゃった。」とがある。なお、辞書類では、「―来なかった」のような諦めの気分を伴うマイナス評価の場合と、「―成功した」に見る達成感、プラス評価の例とが挙げられている（共に『岩波国語辞典』）。とは言っても、後者の場合も、成功に至る前段階は、失敗などいろいろ試行錯誤を繰り返し、その挙げ句にやっとというマイナス評価の状態が、含みとして前提にある。

　このように見てくると、「とうとう」の成り立つ状況と、それに対する話者の意識という点で、共通の土台に立つ語として「遂に」と、最終段階に至る過程を前提とする「ようやく」「やっと」とが関連する語彙グループとして挙がってくる。評価のいかんにかかわらず、ある事柄の成立が「やっと／ようやく／ついに／とうとう」実現へと漕ぎ着けた、ないしは実現してしまったのである。

○兎も角、気持を張った。何しろ身体がいい。それに雪には慣れていた。到頭それから二時間余りかかって、漸く峠の上まで漕ぎつけた。

（志賀直哉「焚火」）

やっと／ようやく／ついに／とうとう

事の実現という点で共通の類義語のうち「遂に／とうとう」が〝長いいきさつのあった挙句に〟というマイナス事態からの脱却、ないしはマイナス事態への突入を前提とするのに対し、「やっと／ようやく」は望んでいたことの実現にウエイトが置かれる。「ようやく」も〝時間や手数がいろいろとかかった挙げ句〟という点では「とうとう」などと似ているが、待っていたことの実現を〝良かった〟〝やれやれ〟と受け止める話者の意識に、はっきりとした相違が見られる。ということは、「ようやく」には、いろいろと時間や手数のかかる今の状態から逃れたい気持ちがあり、とにかく無事に待っていたことが実現したとの意識である。したがって時間観念を伴う場合が多い。

○「何故駈けないんだ」自分は少し怒った。

「私、駈けられません」と答えた。常に脚気の病気のある事を憶い出した。それでも常は出来るだけ急いだ。

町では人々が軒先で涼んでいた。漸く医者の家へ来たが、医者は五丁ほど先の糸取り工場へ行って留守だった。

（志賀直哉「和解」五）

手間と時間をかけて何とか医者の家にたどりついたとの意識が「漸く」に込められている。

一方、「やっと」には、そのような事の経緯や時間の経過観念は特に見られず、「一人がやっとくぐれる穴。」「六十点でやっと合格。」のような、「辛うじて」「どうにかこうにか」に通ずる障害となる困難条件を危うくクリアするとの発想である。同じ合格でも「成績五九・五点の四捨五入で合格」なら、ぎりぎりセーフの「やっと」を用い、「何度も受けて六回目に合格」なら、〝繰り返しの結果、遅れ馳せながら、念願の目的にとにかく到達した〟の意識で「ようやく」が選ばれる。ただし、〝回数を重ねることによって次第に実力がアップし、遂に六回目で何とか目的達成〟の意識の場合なら「やっと」を選ぶであろう。「六回も受けてやっと」の実力なのである。

○かみなりをまねて腹掛けやっとさせ　（『俳風柳多留』初篇）

いやがる子供に「雷様におへそを取られるよ。」とおどかして、何とか腹掛けをさせおおせたという川柳である。「やっと」には、期待した結果への志向が見受けられる。「ようやく」に見るような、現状から逃れたい気持ちとは対照的である。

「とうとう」と類義の語に「遂に」がある。しかし、例えば学生が「～夏休みも終わった。」と言うとき、「とうとう夏休みも終わった。」なら自然であろうが、「遂に」では落ち着かない。なぜか。恐らく夏休みの終了という事態は初めからわかっている決まり切った事態で、その終了時点へと来てしまったことへの諦め意識が「とうとう」の発想にぴったりなためであろう。「遂に」と言えば、行き着く結果は確定的なことではなく、期待もしていない。ただその結果になる過程に注目し、そのようになってしまったことを冷めた目で眺めている。「さしも堅固な要塞も遂に陥落。」のような固い書き言葉的な文体でよく用いられ、どちらかと言うと話し言葉的な「とうとう」とは、これも対照的である。

○そんな或る日、私たちは、偶然、遂にちゃんと起きている人のいる、店の開いた牛乳屋の前をさしかかった。（曽野綾子「新しい牛乳屋」）

「私たち」家族一行は、牛乳が飲みたくて、散歩かたがた毎日気をつけて町のあちこち牛乳屋を捜して歩いていたのだが、たまに見付けても店が閉まっていたりして牛乳が買えない。それが、たまたま店員のいる営業中の牛乳屋を見付けたのである。だから「偶然」なのである。（ここの文脈は「偶然　遂に」であって、「偶然　とうとう」とは続かない点に注意。）必ず見つかるという期待もしていない。「たまたま」のことなのである。これが「遂に」を用いる心理であろう。だから、隠れんぼで必ず相手がどこかに隠れているとわかっているゆえ「とうとう見つけたぞ。」と言い、相手は鬼に見つかるかどうかわからないから「遂に見つかってしまった。」ということになる。このような心理的な副詞の語彙選びは、その折の状況と、話者がどのような視点で対象に立ち向かっているかによって定まってくるのである。そこで、いくつかの情況を設定して、これらのいずれの語を選択するか、表にまとめてみた。

①会談は～決裂した。	×	×	ついに	とうとう
②～死んだか。	×	×	ついに	とうとう
③～戦争を始めた。	×	×	ついに	とうとう
④～戦争が終わった。	やっと	ようやく	×	×
⑤～夏休みが終わった。	△	×	×	とうとう
⑥～着いた。	やっと	ようやく	×	×
⑦～秋が来た。	やっと	ようやく	×	×
⑧宿に着いて、～温泉に入れる。	やっと	ようやく	×	×
⑨困難な築城も～完成した。	やっと	ようやく	ついに	△

①②は共に、決裂や死といったマイナス評価の事態である。己の意志ではいかんとも為し難い事態の成り行きは、結果として諦めの気持ちを生み出す。それが「遂に」「とうとう」の意識である。その点は③も同じだが、マイナス事態突入への③と、長いこと耐え抜いたマイナス事態からの解放④とでは、「遂に」系統と「やっと」系統と語彙選びに差が出てくる。⑤は④と見掛けの文脈は同じでも、「やっと」系統ではなくて「とうとう」が立つ。同じ系統でも「遂に」は立ちにくい。なぜだろう。③の

「～戦争を始めた。」の場合は、マイナス事態突入に対する諦めであったが、⑤「～夏休みが終わった。」はそうではない。子供にとって楽しかった夏休みの終了という〝非マイナス状態の継続〟が次第に弱まり、やがて次のマイナス状態へと移行する。継続状態の終了に対する諦めなのである。だから、③の「～戦争を始めた。」も、「とうとう戦争を始めた。」と言えば、〝いろいろな経緯があった挙げ句に次第に開戦意識が強まり、戦争状態に移行した〟の発想だし、「遂に戦争を始めた。」なら、出来れば避けたい極端なマイナス事態の戦争が現実問題となり、最悪の突入へと踏み出したことへの強い認識である。「とうとう」に比べて、会談の決裂とか、死・戦争などどぎついマイナス事態が多いが、もちろん「遂に白状してしまった。」「それ以後遂に会えずじまい。」や、先に引いた牛乳屋の例など、穏やかな事態もある。

⑤「～夏休みが終わった。」は生徒の視点からは「とうとう」だが、小さな児童の母親からすれば「やっと」という場合もあるだろう。同じ事態をどうとらえるかは、それぞれの立場に立つ人間側の問題だし、それによって語彙選択も分かれてくる。

⑥⑦⑧は好ましい場合の事例である。「ついに／とうとう」がマイナス評価の結果が前提であったため、「彼は遂に現れなかった。」「彼はとうとう来なかった。」のように否定と呼応する形も見られるが、プラスの評価結果を期待する「やっと」や「ようやく」は、たとえそれが好ましい結果を表す文であっても、「取り立て屋はやっと現れなかった。」とか、「ようやく台風が来なかった。」のように、否定文で言うことは出来ない。

⑨はいずれも言えそうな文脈であるが、話者のその折の心理次第でどれにでも転ぶ。人間の心と視点が語彙選択にかかわる良い例である。

おおよそ／ほとんど／大体／たいてい

先ず次の文を見てほしい。括弧でくくった空欄のところは、原文では（大概）となっているのだが、そこに適当な語を入れよと言われたら、いったい何を入れるだろうか。

「後で考えると、本統は危なかったんですよ。雪で死ぬ人は（　　）そうなって其侭眠って了うんです。眠った侭、死んで了うんです」（志賀直哉「焚火」）

前後の文脈から可能な副詞としては、原文の「大概」のほか、「大抵／だいたい／ほとんど／あらかた／ほぼ」その他「おおむね／おおかたは／あらまし」など、いろいろと考えられる。この文脈では無理があるとは思われるが、これらの語彙と類義の副詞に「おおよそ」なども頭に浮かぶ。これらの語彙の共通部分は、〝全体のすべてとは言えないが、それに近い程度〟という比率の大半を占める状態にあることを意味する点だろう。その比率の〝九分九厘〟意識が、結果として、対象の程度をそれとはっきり言わず、漠然とした度合いとして述べる言い方を生む。⑴「今日まで〜田舎で暮らした。」「建築は〜でき上がった。」のような、完全に極めて近い割合観念で状況の有り様を説明したり、

⑵「いつも帰宅は～七時ごろだ。」の回数比率となったり、⑶数量にかかわる「費用は～百万円だ。」「～三十分もすれば着くでしょう。」など金額や時間幅・個数などの概数意識を表したり、⑷「事件の～を報告する。」「～次のように述べた。」「～の原則。」に見るような、おおまかな内容や状況を表したりする。もちろん先に掲げたすべての語が皆、歩調をそろえて同じような意味を表しているわけではない。今、これらの語から「おおよそ／だいたい／たいてい／ほとんど」の四語を代表として選び、種々の文脈での使用の可否を比較して、各語の意味特徴を浮き彫りにしてみよう。

①～次のように述べた。	おおよそ	だいたい	×	×
②～の原則。	おおよそ	だいたい	×	×
③事件の～を報告する。	おおよそ	×	×	×
④～百万円の損失。	おおよそ	だいたい	×	×
⑤～五十人が負傷した。	おおよそ	だいたい	×	×
⑥今日の帰宅は～七時ごろだ。	おおよそ	だいたい	×	×
⑦いつも帰宅は～七時ごろだ。	△	だいたい	たいてい	ほとんど
⑧～十分もすれば着く。	おおよそ	だいたい	たいてい	×
⑨レポートは～書き終えた。	×	だいたい	×	ほとんど
⑩今日まで～田舎で暮らした。	×	だいたい	×	ほとんど

⑪建築は〜出来上がった。	×	だいたい	×	ほとんど
⑫事件は〜片付いた。	×	だいたい	△	ほとんど
⑬五十人の〜が負傷した。	×	×	×	ほとんど
⑭昨日は〜寝ていない。	×	△	×	ほとんど
⑮日本語が〜わからない。	×	△	×	ほとんど
⑯〜の生徒が持っている。	×	だいたい	たいてい	ほとんど
⑰演歌なら〜歌えます	×	だいたい	たいてい	△
⑱〜において意見が一致した。	×	だいたい	×	×
⑲彼は〜いつも出席する。	×	だいたい	たいてい	×
⑳〜の事には驚かない。	×	×	たいてい	×

「おおよそ」は、対象の実態をあえて精確に述べることをせず、ぼかした形で相手に示そうとする。その結果、漠然と手探り的にその全体をとらえる態度となり、全体を包括的に概略化し、また一般化して述べる態度ともなる。数量なら「約」に当たる概数的とらえ方となり、数値なら幅を持たせて推量的に、内容についてなら概略意識で表現する姿勢となる。結果的に概略・概数意識の「だいたい」とは文脈が共通し、現に「おおよそ」の文は、③「事件のおおよそを報告する。」のような形式上「だいたい」が収まらない文型を除けば、皆「だいたい」との言い換えが可能である。しかし、「おおよそ」

で受け止められる対象は、数量・数値や事柄の内容といった体言的な概念に限られるから、⑪「建築はだいたい出来上がった。」のような用言的な事柄に「おおよそ出来上がった」と言うわけにはいかないのである。それだけ「だいたい」のほうが使用の範囲が広いというわけだが、精確な全体像の周辺をぼかして表そうとする「おおよそ」は、話者の意識としては飽くまでその対象の全体を近似値的に伝えようとする心の現れと言ってよかろう。

精確な数値・内容というわけではないが、全体像を推測してもらえるという点で、「おおよそ」は、のっぴきならない厳密な内容の提示を避けたい婉曲法という意味では、極めて有効な手の言葉である。「だいたい」が使えて「おおよそ」が駄目という文脈、例えば⑯「だいたいの生徒が持っている。」の発話意図は、〝全部ではないが、かなり多くの生徒たちが〟という全体像を頭に置いて、〝まだ条件を充たしていない部分も若干あるが〟といった認識のことばである。〝十分・全部ではないにしても〟つまり〝完璧ではないが〟という理解は、〝全体に対して相当の部分が〟という比率感覚で、多数派の「持っている生徒」に対して少数派の「まだ持っていない生徒」がいることを意味している。つまり「だいたい」という語には、完全・完璧ではないという含みと、まだそうなっていない例を少し残しているという前提とが、同時に存在している。

だから、⑰「演歌ならだいたい歌えます。」と言ったら、何でも御座れとはいかない。まだ歌えない、つまり知らない演歌も若干ある、の気分だが、これを、「演歌ならたいてい歌えます。」と変えると、気分は一新する。「たいてい」には回数・個数・人数比率意識があり、「たいてい」と言えば、完全さに対して九分九厘は条件を充たしている。したがって「たいてい」からはずれる残りの一厘は、いわば例外中の例外だ。例外が一、二あっても、ほぼ完璧と考えていい。だから、「演歌ならたいてい歌えます。」と言ったその人物は、どれも歌えて当然、もし歌えないのがあったとしたら、それは極めて特殊な例外的な歌だ。そこまで胸を張って自信たっぷりに述べる。それが「たいてい」の意識である。同じ言い方でも「演歌ならだいたい歌えます。」と言うと、控えめな、時に自信のなさをいくぶん含んだ発話に聞こえる。副詞一つでこうも違ってくるものかと思うと、恐ろしい。

「たいてい」という語には、背後に複数の対象が控えていて、その中の九分九厘という発想である。だから、その一回のみを問題とする⑥「今日の帰宅は〜七時ごろだ。」には「たいてい」は合わない。その日の帰宅時間を漠然と示す「おおよそ」とか「だいたい」がいいだろう。一方、⑦「いつも帰宅は〜七時ごろだ。」にはもちろん時刻をぼやかして言う「だいたい」も入り得るが、複数回、毎日のことを問題としているのだから、むしろ「たいてい」とか「ほとんど」が自然と浮かんでくる。「たいてい」には、このような数意識が背後にあって、もし「たいてい」の範囲から外れるものがあるとすれば、それはまったくの例外なのだから無視して、現在の九分九厘でほぼ完璧だという意識がある。「たいていの人は尻込みする。」〝尻込みするのが本来で、もしそうでない人間が居たとしたなら、まったく例外中の例外で、それは物凄く度胸のある肝の座った人物だ。だから尻込みしない俺様は特別な人間なんだぞ。〟という自信満々の姿勢が誇示される。もっと穏やかな場合でも、⑧「たいてい十分もすれば着く。」と言えば、十分をオーバーしたら、それはオーバーした側に問題があるという意識だし、⑯「たいていの生徒が持っている。」と言われたら、持っていないのは例外的な子なのだから、肩身の狭い思いをするだろうし、もしかすると、いじめに遭うかもしれない。これは何としても買ってあげなければと、そう親は思うかもしれない。

ところで、もし、これを⑯「ほとんどの生徒が持っている。」と言い換えたなら、いったい意識はどのように変わってしまうだろうか。

「ほとんど」は大半・大部分意識である。全体量を前提に据えて、その大部分がという比率意識であるが、「たいてい」と違って、例外の一厘を異質と扱うのではなく、完全・完璧へと向って近づいていく感じである。「ほとんど」は次第に比率が高まって、ほぼ全体に近似的に近づいていく。かつてはまだ比率はさほど高くはなかったのだが、次第々々に増加して全体量に迫ってゆき、今はほぼ完全・完璧に手の届くところまで来た状態だ。⑫「事件はほとんど片付いた。」は、あと一歩のところまで来ているのである。「だいぶ→ほとんど→すっかり・全部・完全に」の流れで、事実としてはいずれすべてが塗り潰されて百パーセントの域に達するであろうが、「ほとんど」の段階は、近づきながらまだそこに到達していない不完全さが気持ちとして伴っている。だから⑯「ほとんどの生徒が持っている。」と言われたら、うかうかしていると、残った友達もだんだんに所有していき、最後に家の子が一人残ってしまうのではないかという危機感が生まれるかもしれない。同じせがむにしても、「だいたい持っている」とするか、「たいてい」とするか、「ほとんど」とするか、言葉一つでずいぶんと相手に与える印象に差が出て来るものである。

最後に一言。志賀直哉の小説「豊年虫」に次のような一節がある。


「もう少しましな家はないかね」と訊くと、

「蕎麦屋ですか。それは惜しい事をしました。先刻前を通ったのだが」と車夫は残念がった。

「余ほど遠いか」

「〇〇町です」

「芸者屋のある所か」

「あの小さい橋の傍の薮といって名代の家ですが」

「どうだ、三十分でいって来れないかね」

「大概いけましょう」

車夫はまた私を乗せ、苦しそうに爪先上がりの大通りを一生懸命走った。思いのほか遠かった。


ここの「大概いけましょう」は、〝恐らく三十分あれば、たいてい大丈夫。行けると思う〟の意味に違いない。現代とはだいぶ時代が離れているので、ことばの使い方も少々勝手が違うが、今なら「三十分あれば、たいてい行けるでしょう。」か、「だいたい行けると思います。」あるいは視点を変えて、「恐らく行けるでしょう。」「たぶん行けると思います。」のような曖昧な推量表現を用いる手もある。語彙選びは、ただ「おおよそ」か、「だいたい」か、「たいてい」か、それとも「たいがい」かといった同じ意味グループの中だけで考慮するのではなく、時には共通の表現意図にある別グループの語彙にまで視野を広げて、「恐らく」「たぶん」「きっと」等にも思いをいたすことが肝要である。語彙や語意の問題は、巨視的に表現のベースで見ていくこと、それによって表現力、ひいては日本語力も増大する。

第七章　表現の特徴は発話意図の反映

一、意味は視点に支えられ、文型を規制する

語に意味があるように、語を綴った一まとまりの文にも意味がある。文の意味は、文の元になるそれぞれの〝語の意味〟の総合とは別に、文を構成する文法的な骨組みから話者特有の視点がそれぞれ設定され、その視点の支配下のもとに、文の意味の全体像が生み出される。まさに意味は視点に支えられ、文型をも規制しているのである。例として「〜に／から近い」文型、「何は何だ」文型、同語反復文、「何を何する」表現を取り上げる。

海に近い／海から遠い

距離や時間・関係などの隔ての程度を表す形容詞や名詞「近い／遠い」「近く／遠く」は、隔てあう二者関係A・Bの対象側であるBを主体に立てて、

「遠い所にある星。」「遠くのデパートより近くのお店をご利用ください。」「遠くの親戚より近くの他人。」「春はもう近い。」「遠い親戚に当たる。」

のように表現する。当然、どこから見て近いのか遠いのかは、話者自身の位置を基準にしている。話者の（ないしは話題としている当人の目になって）今いる場所や現在時、そして話者自身との関係として対象をとらえている。己の視点中心ゆえ、Aはいちいち言葉として示さない。(1)「Bハ近い。」文型で済む。ところが、このような話者や相手といった人間を基準Aとする用法とは別に、叙述の中に現われる客体的な対象A・Bの隔たりを問題とする場合には、完全に傍観者としてその隔たりの具合を叙述する。例えば「銀行は駅に近い／駅から遠い。」と言った場合、〝銀行と駅〟という話者の位置や目とは関係の無い事物の二者関係の距離を問題としている。どうしても(2)「AハBニ近い。」文型として二者関係を明示しなければならない。

ところで、「僕の家は駅から遠いんだ。」と言ったなら、Aは己の関係する所ゆえ省略して、「駅から遠いんだ。」と言えばよさそうに見えるが、「どこが？」の質問が返ってきそうだ。また、順序を逆にして「駅は僕の家から遠いんだ。」を「駅は遠いんだ。」としたなら、やはり「どこから？」の質問が返ってくるだろう。自分の家のことを話題にしているのでない限り、たまたま現在居るその地点からか、話題とするその場所（例えば勤務先）からの距離と受け取るのが自然だろう。つまり、この(2)「AハBニ形容詞。」文型では、自身にからむ事柄だからそこが基準になるというルールは成り立たない。

　では、Ａ・Ｂどちらに基準があるのだろうか。「銀行は駅に近い／駅から遠い。」は入れ替えて「駅は銀行に近い／銀行から遠い。」とも言えるだろう。もし、Ａ・Ｂが極端にアンバランスな場合、「この村は海に近い。」は言えても、「海はこの村に近い。」はいかにも不自然だ。「遠い」はどうか。「この村は海から遠い。」も「海はこの村から遠い。」も、どちらも不自然ではない。実は、これは「近い／遠い」の問題ではなくて、「Ａニ」「Ａカラ」の助詞の問題なのだ。不自然だった「海はこの村に近い。」も「海はこの村から近い。」とすれば別段不自然ではなくなる。何故そうなるかと言えば、「Ａハ〜／Ｂハ〜」で示される主体の場所と相手の場所との関係は、「Ｂニ／Ａニ」と続くことによって、主体の場所からそちらのほうに向ってという方向性がテーマとなる。格助詞「に」は帰着点を意味するからである。したがって、〝ＡはＢに対して〟の意味となり、相手Ｂを基準としてＡ側からの隔りを考慮する。〝ＡはＢに対してどの程度離れた所に位置しているか〟の発想である。「この村は海に近い。」は〝海に対してこの村は近い位置にある〟つまり、「海」を中心にして「村」の位置を特定するのである。「村」を中心に据えて「海」を考えるという発想はなじまない。

　これは人間関係でも全く同じである。「先生に失礼だ。」は、先生中心に考えて、その先生に対して当方は失礼な状態にある、の意味である。「お前のレポートはＢ博士のお考えに近い。」も、Ｂ博士の説を基準にして、その説からさほど離れていない内容の所にお前のレポートは位置している。これを逆にして、「Ｂ博士のお考えはお前のレポートに近い。」としたら、いかにも滑稽だ。両者のレベルが極端にアンバランスゆえ、生徒側に基準を置いて博士の説を云々する不自然さが「Aニ」の発想から生じてしまうためである。

一方、「Bカラ／Aカラ」は相手場所から主体の地点のほうへという逆の方向性である。「から」が起点を意味するためである。〝に対して〟のような相手側を中心に考える発想ではなく、話題とする主体の位置が相手側からどの程度の隔てを持っているか、ただ相手側からの距離を問題とする傍観者の目にすぎない。

「この村は海から近い。」「海はこの村から近い。」どちらも成り立つ。その点「～に近い。」とは性格が異なる。「～ハ」で取り上げられた主体に視点を据えて、それが任意のどこかの場所からどの程度の距離にあるか、ただそれだけを問題としているだけであるから、村でも海でもどこでも視点の対象となり得るわけである。

わずか助詞の「に」と「から」との違いで、全体の文型が表現意図に大きな違いをもたらし、それが使用する語彙の選択に影響を及ぼし、果ては不自然な日本語を生み出しかねない。その根底にあるものは、話者の視点がどこに置かれ、基準意識を持つか否かといった問題の表現意識なのである。

君は運転手だ／運転手は君だ

童謡「電車ごっこ」の歌い出しは、次のようになっている。

○運転手は君だ、車掌は僕だ、あとの四人は電車のお客。　（文部省唱歌）

「運転手は君だ。車掌は僕だ。」と言うとき、話者の頭の中には、各自の役割として必要な立場「運転手・車掌・お客……」といった任務があって、それぞれを順番に割り当てていく。初めに職種があって、受け持つ人間のほうは後から決まっていく。もし、これが「君は運転手だ。僕は車掌だ。」としたなら、順序は逆で、まず任に就くべき人間側が頭にあって、次に各自にそれぞれ適当な役割を割り振っていく。発想が全く逆なのである。

ところで、「AハBだ。」のAよりもBのほうが概念が広いとき、例えば「リンゴは果物だ。」というとき、リンゴは果物の一種であるから、当然果物のほうが概念が広い。このような場合、「AハBだ。」は〝AガBデアルコト〟を意味する。リンゴが果物であるというわけだ。一方、反対の順序の「BハAだ。」はどうか。概念の広いほうのBが狭いほうのAに当たるというのは、いかにも不自然だ。「果物はリンゴだ。」と聞くと、〝果物はすべてリンゴと呼ばれる〟となって事実に反する。しかし、このような表現がまったく無いかというと、そうではない。たとえば、好きな果物を話題としているような場合、「果物はリンゴだよ。リンゴに限るさ。」と言えば、十分成り立つ表現である。また、冷蔵庫にさまざまな食品が納まっている。そこで「冷蔵庫にある果物は何？」と聞かれて「果物はリンゴだよ。」という答えも十分成り立つ。食後のデザートに「果物はリンゴだ。」と言うことも出来る。さらに、リンゴや、卵・野菜・魚などの品々を指差して「果物はこの中のどれ？」の答えに

「果物？　この中で果物はリンゴだよ。」とも言える。このように「ＢハＡだ。」の文型も、話題とする場面次第では、正しい日本語となり得る。〝ＢデアルノハＡだ〟すなわち、〝果物であるのはリンゴだ〟〝運転手となるのは君だ〟という思考形式である。

「リンゴは果物だ。」「君は運転手だ。」のような、述語Ｂのほうが広い概念の文「ＡハＢだ。」を述定型、その逆「果物はリンゴだ。」「運転手は君だ。」のほうを同定型と呼んでいる。両者は発想に差があり、「何々だ。」と述べる話者の視点に相違が見られる。専門的には述定型を基本の型と考え、同定型はその派生型と見ている。同じ語彙による二様の表現も、視点をどちらに置くかで全く異なる発想形態を生み出すのである。

基本型「君は運転手だ。」を反転させると、派生型「運転手は君だ。」となり、さらに反転を繰り返すと、「君が運転手だ。」となる。これをもう一ぺん反転させて「運転手が君だ。」とすることは、理論上は出来ても、日常あまり使われる表現ではない。しいて言えば、「運転手・車掌・お客……とあるけれども、どれが僕なの？」の答えとしてなら、「運転手が君だ。」と言えるのではないか。複数選択肢における回答という極めて特異な場面での視点から発せられるパターンなのである。

太郎は太郎だ

「ＡハＢだ。」なら、Ａを異なるＢでもって説明する。「君は運転手だ。」は〝「君」イコール「運転手」〟なのである。ところが、これがもし「ＡハＡだ。」としたなら、同じＡでもってＡを説明するというナンセンスが起こる。が、現実には、このような日本語は日常けっこうお目にかかる。ということは、決しておかしな日本語ではなくて、何か特別の意味を含む表現形式だということになる。いったい、どのような意図から発せられる表現形式なのだろうか。

○美空ひばりは美空ひばり、江利チエミは江利チエミである。存在の仕方が違う。江利チエミの人気が、たとえ美空ひばりをしのいだとしても、美空ひばりから受ける畏敬は変わらない。

（阿久　悠『愛すべき名歌たち』）

○（獅子文六は、原稿が）早目に出来ているので、担当の記者さんは気をもまなくてすんだと思う。しかし、仕事は仕事とけじめをはっきりつける人で、ある人など原因はよくわからないが、たいへんに厳しくしかられ、とうとう泣き出されてしまった。

（岩田幸子『笛吹き天女』）

○九二年の八千メートル峰登山で雪崩に流されて、一時意識不明になったこともある。「行きやすくなったとはいえ、ヒマラヤはヒマラヤ。背伸びすれば危ない。」

（「ひと、近藤和美さん」朝日新聞　平成十一年十月十六日）

よく見られる例の多くは、二者対比の「AハA、BハB。」形式か、逆接を受けた「……ても、AはAだ。」形式である。共に一つの言い回しとして慣用化されている。

(a)「昨日は昨日、今日は今日。」「昔は昔、今は今。」「親は親、子は子。」「それはそれ、これはこれ。そこのところを、わきまえてくれなければ。」

(b)「利口そうでも子供は子供だ。」「馬鹿でも親は親。」「僅差の判定でも負けは負けだ。」「腐っても鯛は鯛だ。」「お前にやったんだと言われても、やはり借金は借金だ。返さないわけにはいかない。」「何と言われようとも、僕は僕だ。」

「AハBだ。」のBの部分がAに入れ替わっただけで、「何は何だ。」の表現意識に変わりはない。話題として取り上げた「Aは?」「Aは?」に対して、「Bだよ。」と答える代わりに「Aだ。」と答えるのであるから、述語の「A」は、「Aハ?」のAとは意味が異なる。単にそのものとして話題に取り立てた「Aは」に対し、「それはAだよ。」と話者が解釈を加えた「Aだ。」は、話者による認識内容とそれへの評価が加味されている。先の美空ひばりの例で言えば、一人の歌手として話題に挙げた「美空ひばり」について、筆者の意見として、〝美空ひばりには美空ひばりなりの独自の存在の仕方がある。そういう江利チエミとは違った畏敬の念の対象となる美空ひばりだ。〟と述べているのである。明らかに、初めの「美空ひばり」と、後の「美空ひばり」とでは、筆者の意識も視点も異なる。

この例文は、(a)二者対比の場合であるが、次の「仕事は仕事とけじめをはっきりつける人」の例文は、「記者さんは気をもまなくてすんだと思う。しかし」と逆接で受けて、「仕事は仕事とけじめをはっきりつける」のように、〝依頼されたどんな仕事でも、引き受けた以上は自分にとっては真剣勝負なのだから、リラックスした気分とは別の、厳しい態度で立ち向かう、そういう仕事なのだ〟と獅子文六の、仕事に向う姿勢と意識が加えられた「仕事は仕事」表現だと思う。「しかし」の逆接を受けた、(b)「……ても、AはAだ。」形式である。「朝日新聞」の例も同様。このように、その事柄に対する話者の意識や評価といった問題を抜きにしては、表現の底に潜む叙述の真実のところはつかめないであろう。

笑いを笑った

同語反復文と似た形式に「AヲAした。」がある。普通、動詞が「何ヲ」を受ける形式としては、他動詞では「他人の失敗を笑う。」のように、その行為や作用の及ぶ対象をAに立てて、「AヲBする。」のように言う。Aは「失敗／成績／間違い／しぐさ／服装／友達……を笑う。」と名詞が来るのが普通で、その人や事柄にかかわるおかしさが原因で笑いを催すのである。ところが稀に、後に続く動詞を名詞化して、「笑いを笑った」（AすることをAした。）方式の表現をすることがある。実例で見よう。

○「夜が明けたら　ドレモコレモ　ミンナクッテヤル」　鬼ババの笑いを　私は笑った。

（石垣りん「シジミ」）

○節子が毛布がわりに渡した角巻には、妻の移り香があった。その匂いとぬくもりに包まれて、この夜啄木は浅い眠りを眠った。

（沢地久枝『石川節子』）

○その次は三人の幼い芸術家たちは平気で当たり前の子供の遊びを遊んで居た。
（与謝野迪子『想い出　わが青春の与謝野晶子』）
○芥川君がいつか僕は友人ができなくてこまると言った答えを答えてそう言った。
（室生朝子『父犀星の俳景』、室生犀星『魚眠洞随筆』からの引用部分）

この表現法の発想は何であろう。「鬼ババの笑いを、私は笑った。」は、鬼ババの笑いに対して嘲笑したのではない。私は鬼ババの笑いそのものの笑い方をしたのである。つまり、後の「私は笑った。」は笑いそのものを表し、それはどのような笑いかという〝笑いの内容〟を初めの「鬼ババの笑いを」で説明する。話者の視点は先行する具体的な笑いの有り様に置かれる。そのため、どの例文も「浅い眠りを」「子供の遊びを」「……と言った答えを」と説明的な修飾を冠している。このような特有の表現、同語が反復して現われる特殊な文型も、話者の視点が何処に置かれるかを手掛かりに眺めていけば、案外と発想の基本が見えてくるものなのである。

二、文型の差は発話意図の反映

ここでは、その動詞の持ついくつかの文型が、それぞれどのような名詞と結びつくか、その結合が意味する全体の表現意図を検討し、類義の他の語との置き換えなどとの比較から、話者の発話の意図を探っていく。文型の差は、結局は発話意図の反映であることを確かめる。例として「あふれる」「ある」「飾る」を取り上げる。

活気があふれる／活気にあふれる

ある範囲の場所が何かで充満するとき、例えば活気で社会が充満する様を表現するのに、日本語には二様の表現が用意されている。

○社会が活気にあふれる／活気が社会にあふれる。
○場内が熱気にあふれる／熱気が場内にあふれる。

「～にあふれる。」のほうは「～であふれる。」とも言える。「活気」や「熱気」のような事柄はニ格で「～にあふれる。」と言えるのだが、具体的なモノ名詞ではそうはいかない。「物が戸棚にあふれる。」を「戸棚が物にあふれる。」とは言えない。「戸棚が物であふれる。」とデ格となる。物や人は「抽出《ひきだし》はたくさんの物でいっぱいだ。」「倉庫は在庫の山で足の踏み場もない。」「車内はおおぜいの人で身動きも出来ない。」のように、皆デ格で共通している。具体的な物の存在「～があって／～がいて」の意識ゆえであろう。「活気にあふれる」のような場面の雰囲気では、存在意識より「～によって」の意識が強いためと思われる。

さて、この「あふれる」は、「教室が活気に満ちている／活気が教室に満ちている。」のように、「満ちる」でも同様の言い換えが可能である。しかし、人「車内はおおぜいの人で満ちている。」とか「おおぜいの人が車内に満ちている。」は、かなり言いづらい。物も「物が戸棚に満ちている。」では、認める人がぐっと多くなるだろう。「ガスがタンクに満ちている。」なら、まず合格点だ。人数や個数といった数量体ではなく、水やガスなどいわゆる流体が充満する状況にぴったりの語なのだ。

閉じた空間「教室に活気があふれる。」なら可能でも、開かれた空間「コップにビールがあふれる。」は、いかにも不自然だ。「コップからビールがあふれる。」と、次の段階「こぼれる」へと意味が移行し、ニ格からカラ格へと文型も同時に移行していく。意味と文型との相互関係が見えて、いかにも面白い。

	あふれる	満ちる	充満する	こぼれる
活気	○	○		
ガス		○	○	
水	○	○		○
ごみ	○			△
買い物客	○			

確信がある／確信を持つ

存在・非存在の「ある／無い」についてはすでに第五章の第二節で述べたが、金や米、車や車庫など、いわゆるモノ名詞は、「金庫の中に金がある」「米櫃《こめびつ》に米が無い。」「家に車があれば便利だろう。」「門のわきに車庫がある。」のように、そのものの存在する場所を「どこそこに」と「ニ」の格助詞で受けて、(1)「BニAガある／ない。」の文型で表現する。存在そのものを問題とするのではなく、存在の有り様を問題とする場合にも、「心臓は右にある。」（AハBニある。）と、基本のところは変わらない。が、このような物質の存在ではなくて、事象の生起を問題とする場合は、普通「隣町に火事があった。」と言うよりは、

「さっき隣町で火事があった。」「きのう横丁で喧嘩があった。」「料亭で宴会がある。」「講堂で映画会があります。」

「どこそこで」と「で」を用いるであろう。事象の生起を問題とするだけに、本来、状態性の「ある」が、存在ではなくて、動作・作用の意味として働いてしまう。存在主体であるBの差が「ある」の意味に違いを生じ、それが原因で、(2)「BデAガある。」と「ニ」格を「デ」の格にする文型差を招くのである。

ところで、一見、同じ抽象名詞のように思われがちだが、「火事」や「喧嘩」のような動的な事象

ではなくて、静的な事柄の存在を云々する場合は、どうであろうか。例えば、

「時間はまだ十分ある。」「僕には時間が無い。」「彼女には愛がある。」「二人の間には友情がある。」

では、(3)「BニハAガある／ない。」の形で、抽象的なAの存否を文に表す。この場合、B「僕」や「彼女」などは、「時間」や「愛」といった抽象的なAの存在場所というよりも、それを内に持つ主体者との意識が強い。現にこの文型に立つAは、

愛、友情、信念、誇り、恨み、確信、疑い、猜疑心、嫉妬心……がある。

魅力、人望、頼みがい、人気……がある。

のように、主体者Bはだいたいは人間である。そのため「恨みを持つ。」「確信を持つ。」と「持つ」との置き換えも可能だし、さらに、感性的な例なら「恨みを抱く。」「疑いを抱く。」と「抱く」との言い換えも出来るというわけだ。（他者側が受け止める事柄、「魅力」や「人望」などはこの限りではない。）このように見てくると、例えば「この語には……という意味がある。」のような、ヒト名詞以外の例は、むしろ後で述べる別グループの語彙に入れるべきなのかもしれない。

静的な事柄の抽象名詞といっても、右の「愛」や「恨み」は当人の心の内の存在で、他人からはわ

からない。それに対し、外形に現われた他者からわかる状態、その主体に備わった様相、例えば

貫禄、威厳、風格、落ち着き、～の面影、～な雰囲気……がある。

は、視覚的にとらえられる外面の様態で、（その点「魅力」や「人望」とも異なる。）したがって、当然「抱く」との置き換えは不可能だし、「落ち着きを持つ。」のような言い方も、十分こなれた日本語とは言い難い。主体Bも人間とは限らず、

「樹齢千年というこのご神木はなかなか貫禄があるね。」

と動植物、その他種々の物の様相描写として使用できる。

こう見てくると、(3)「BニハAガある／ない。」文型を取るグループとしては「愛、友情、信念、恨み」等、当人の心に存在する語彙グループが、全体の文表現として「持つ」や「抱く」と類義の関係を取ることになる。次ページに比較の表を掲げておこう。

	ある	持つ	抱く	含む
貫禄	○			
魅力	○	○		
信念	○	○		
確信	○	○	?	
恨み	○	○	○	
疑い	○	○	○	
感想	△	○	△	
愁い				○
〜という意味	○	○		○
熱	○	○		
艶	○			○
塩分	△			○
ビタミンC	○			○
湿気	○			○

食卓に飾る／食卓を飾る

「飾る」は辞書類では、次のような解説をしている。

かざる【飾る】①美しさ・花やかさ・りっぱさを添えるようにする。それをして物事を引き立てる。「部屋に花を―」「花で部屋を―」「言葉を―」　　（『岩波国語辞典』第五版）

ここでは、文型面で異なる「AニBヲ飾る。」「BデAヲ飾る。」を一括して説明し、共に美しさや、華やかさ、立派さを添える目的で何かをそこに置いたり据えたりする行為としている。だが、これまでも他の語の項で見てきたように、文型の違いは話者の視点や発想のなせる業であるから、一まとめにすることが果たして良いことだろうか。発話意図の観点から見直してみると、「AニBヲ〜。」文型は、他の動詞、例えば「食卓に花を置く。」「食卓に料理を並べる。」「食卓に品物を広げる。」などと同じで、そこからの類推として、「食卓に花を飾る。」も、「置く」や「並べる」と大差ないのではないか。つまり、花は奇麗な物であるから、結果として食卓が美しく見え、引き立つというわけだ。そう言えば、特に美しい物品と限らずとも、お店で「棚に商品を飾る。」と言う。陳列棚に商品を並べて客の購買欲をそそるという意味だ。まさに「並べる」に通ずる「飾る」である。だから、この文型での「飾る」は、棚や食卓など水平面に花瓶や商品を据えることである。

「BデAヲ〜。」文型の「飾る」はどうか。辞書の例「花で部屋を飾る。」では飾る場面の特徴がはっきりとは出てこない。もちろん「提灯で街を飾る。」などは広い意味での水平状態だろう。他にどんな例があるか。

「豆電球や種々のアクセサリーで、クリスマスツリーを飾る。」「ブローチで胸元を飾る。」「リボンで髪を飾る。」「ナッツや胡桃・果物などを鏤《ちりば》めてケーキを飾る。」

特に水平面とは限らない。しかも、並べるのではなく、添えることによって対象を美しく引き立たせることに意図がある。そのためBに立つ物は美的なものでなければならない。先の商品の例をこの文型に入れて、「商品で陳列棚を飾る。」と言うには少々無理がある。美しい装身具か造花などなら可能かもしれないが、薬瓶や雑貨類では「飾る」ことにはならないであろう。では、「BデAヲ〜。」文型を取る他の動詞にどのような語があるか。

「桜の葉で餅を巻く。」「海苔でご飯を包む。」「ロープで荷物を縛る。」「カーテンで部屋を仕切る。」「スカーフで襟首を塞ぐ。」

述語動詞の意味する行為が対象Aに及ぼし得る物品Bでなければならない。桜の葉だから餅を巻くことが出来るのであり、ロープであるから荷物を縛ることが可能だということである。この理屈でいくと、美をもたらす役割を担う奇麗な花だからこそ、食卓に美を添える（つまり飾る）ことが可能なので、そのような役割を持たない品物、例えば「食器」では、「食卓を食器で飾る。」とは言えないのである。名詞「花」が日本語表現の上で発揮する特有の役割、文型との深いかかわりは、日常の文化的な生活とも繋がっており、ただ植物学的な定義でもって「花」の意味を規定することの不十分さを反省させられる。

三、対象の把握段階に応じて文型も異なる

ある一つの動詞が持ついくつかの文型は、発話意図に従っての文型拡張か、類似の文型の併存かである。ここでは例として、前者に属する「進む」、後者と考えられる「教える」「欠ける」を取り上げ、それら文型の違いが実は話者の対象把握の目線の違いに由来することに気づかせ、さらに対象の持つ性質の差が取るべき文型を選択していることを確かめる。

次に進む／東に進む

「進む」は〝向っている方向に動く〟ということであるが、その動きの内容は主体の種類によって異なってくる。抽象的な事柄もあれば、具体的な物や人間である場合もある。それによって動きの作用も幾つかの段階に分かれる。

(a)抽象的な事柄（Aガ進む。）　時……時間、時代、歴史
現象…文化、病状、浸食作用、風化、工業化、時計

行為…仕事、研究、勉強、交渉、工事、食

(b)人間（AガBニ進む。）　大学に進む／土木関係に進む／中級に進む／双六で次に進む

(c)移動する人・物（AハCヲBへ進む。）　街道を西へ進む／角を左へ進む／拝殿を奥へ進む／台風は南方海上を北へと進む／列車は原野を東部へと進む

(a)は「進む」変化の主体Aのみが問題となり、そのため、文型的にもその他の格をいっさい必要としない。現象も行為もその〝進展〟という意味で〝時〟の一種と見てよかろう。「時」は単なる時間的経過、次の「現象」は、時間の経過につれて主体の状態が変化する。プラス・マイナス両方向の例が見られる。三番目の「行為」は〝捗《はかど》る〟ことゆえ、プラスの評価となる。いずれも主体自体の意味内容から「進む」の内容も自ずと規定されていく。(b)は人間が主体となり、「Bニ」によって進むべき次の〝所〟が明示されるため、現状から一ランク先のBへと移行する意味となる。「進む」という以上、当然Bは現状よりプラスな段階、事柄によって「進学・進級・昇進・昇格」等の前進を意味する。逆方向は「落ちる」や「戻る」などマイナスイメージの移行である。

(c)は本来移動する事物や人間が主体となり、「CヲBへ」の格を示すことによって、移動経路のCと、方向や行き先のBから、時間的な継続移動を表すことになる。前の(b)では一段階の移行であったから、瞬間移動でしかなかったが、(c)は経路を進むのであるから、どうしても継時的な動きとなる。

さて、このように見てくると、一つの「進む」という語でも、主体や状況の把握段階に応じてその

意味内容も進展し、単なる〝捗り〟から〝移行〟へ、さらに〝移動〟へと発展していく。これは前に触れた「飾る」などと同様、発話意図の変化であり、それにつれての文型拡張と言えよう。

子供を教える／子供に教える

人や動物に対して、相手のまだ知らない事柄や身に付いていない事柄を知らせ、授け、訓練して、わからせたり、身に付けさせたり、悟らせたりする。この行為が「教える」であると辞書類は説く。つまり主体者AがBを対象に教える行為を行なう二者関係である。したがって、A・B以外に特に教える内容を示さなくとも「教える」行為は成立する。ただし、それは単にBをより良き人間として教育・教導するという意味しか表せない。教える行為に内容が含まれていないからである。「AガBヲ教える。」という単純な文型では、〝誰かが誰かを教導する〟ということしか表せない。

「人の子を教える聖職にある。」「幼い児を教える。」「現在は大学生を教えております。」「思春期の子を教える難しさ。」

つまり、人間教育を意味する「Bヲ」には人間しか立ち得ないのである。その他のもの、例えば「猿を教える。」とか「コンピューターを教える。」という日本語は有り得ない。猿やコンピューターは人間教育の対象から資格として外れるのである。

ところで、この「AガBヲ教える。」に対し、さらに教授内容「Cを」が加わると、どうなるか。Bは対象から相手へと格上げされて、「AガBニCヲ教える。」のように「Bを」が「Bに」に変わっていく。そして、具体的な教える内容が示されることによって、「教える」の意味も動いていく。

情報の伝達　「秘密、事実、道順、解答、在りか、隠れ家、犯人…」を教える。
技能の伝授　「やり方、扱い方、解決策、方法、運転、こつ、芸…」を教える。
知識の教授　「数学、哲学、日本の歴史、学問の奥義、釈迦の思想」を教える。
人生の教導　「人間としての生き方、正しい生活、健全な思想……」を教える。

先の猿やコンピューターも、教える対象によっては十分教わり役として可能である。「犬に道順を教える。」「猿に芸を教える。」「コンピューターに計算方法を教える。」「ロボットにやり方を教える。」と、情報の伝達か技能の伝授なら、事柄によってそれぞれ可能であろう。ただし、犬や猿など高等動物なら調教や訓練によって身に付けさせるが、人口頭脳の機械類では情報課程をインプットするだけで、果たして「教える」に値するか疑問ではある。というのは、教えられる側からの理解として、

情報の伝達　教える、報せる、気づかせる　↓↑気づく、知る、わかる
技能の伝授　教える、指導する、訓練する　↓↑わかる、身に付く

知識の教授　教える、授ける、わからせる　↓↑わかる、身に付く、悟る
人生の教導　教える、わからせる、悟らせる↓↑わかる、身に付く、悟る

のようになるから、機械類には「わかる」という判断は考えられない。教えられた課程を内蔵することは「身に付く」ことになるのだろうか。また、言葉の面から考えて、「教える」に対しては「教わる」「学ぶ」「習う」「教えられる」とあるが、

情報の伝達　教える↓↑教わる、
技能の伝授　教える↓↑教わる、学ぶ、習う
知識の教授　教える↓↑教わる、学ぶ、習う、教えられる
人生の教導　教える↓↑教わる、学ぶ、教えられる

人生の教導は必ずしも「教師」対「生徒」の直接関係を必要としない。「古人に教えられるところ大であった。」「小さな子供が落ちていたごみを拾っていたが、大人として教えられたね。」のような間接的な啓発も有り得る。これは「教えられる」ことで、「教わる」や「習う」にはない。「門前の小僧習わぬ経を読む。」で、直接学習が「習う」ことである。もともと「習う」とは「慣れ続ける」の意から来た言葉で、「見習う」なども直接手取り足取り指導を受けることではない。「慣れる」は古語

では「なる」で、それに継続の意の助動詞「ふ」が伴って「ならふ」（つまり「慣らう」）となった。その環境や人々の中にあって自ずと慣れ身に付くことを意味した。だから、現在の意味も、人間同士の触合いから身に付ける学習なのである。

刃が欠ける／常識に欠ける

物の一部が無くて不完全な状態になる、あるいは、当然備わっているべきなのにそれが不足した状態になる、これが辞書類で説明されている「欠ける」の意味だ。確かに「鋸《のこぎり》の刃が欠ける。」や「お前は常識に欠けている。」は右の説明のとおりだろう。が、両者に共通している点は、有るべき物がないということで、その「無い」に〃欠落〃の意味と〃不足〃の意味とがあるから両者を別仕立てにしようというのは、順序が逆だ。「無い」の意味については、第五章の第二節「ある／無い」の所で触れたように、絶対的な非存在から話者の考える必要度や希望値に充たないゆえに抱く〃無い〃の意識まで、幅がある。だからこの違いは話者の視点の差で、「無い」の絶対的な意味の相違ではない。もし差を設けるなら、〃無い〃ととらえる対象に何か差が見られるか。また、表現に載せた場合、文型の違いとして（それはすなわち話者の発想の違いなのだが、）表現形式に現われるであろうか。このような観点から見直すと、二種の文型に分かれることに気づく。

(a) Aガ欠ける。　　茶碗／歯／刃／月／全集の一冊／兄弟の一人…が欠ける。

(b)ＢハＡニ欠ける。　常識／同情／才能／適用規定／スタミナ…に欠ける。

結果的に、(a)は、割れやすい物なら、無理な力が掛かって一部取れてしまう。複数主体なら、何らかの原因で一部が欠落し不揃いとなる。「月」の例は前者の様態と見立てた表現であろう。次の(b)は、有ってほしい、有るべきだという希望・期待にもかかわらず、願うレベルに対象が達していない。そのため現実として、十分その役割を果たすことが出来ないマイナス状態だと話者が認識する。Ａに立つ事柄は物ではなくて抽象的なコト名詞である点は特徴的であるが、この違いは、必ずしも文型の使い分けと連動していない。「常識が欠ける。」「スタミナが欠ける。」はまだ市民権を得ていない誤用の日本語であろうか。あるいは「常識が無い。」「スタミナが無い。」との混同とも解釈できる。「欠ける」も「無い」も共に〝期待する程度にまで存在していない〟の意識という点で共通しているからである。

四、文型・意味のかかわりは行為・現象の連関と歩調をそろえる

ここでは、ある行為と一部重なる別の行為や、ある行為から派生して次の行為へと移る場合に、それぞれの行為を表す表現が、話者の発想でもある文型とどのように連動し、行為や現象の重なり・流れと歩調をそろえていくかを検証する。例として類義の別行為「被せる」と「覆う」、隣接する二つの行為「干す」と「乾かす」、事態の進展に伴う行為内容の変動を文型差でまかなう「〜ヲ選ぶ／〜

ニ選ぶ」、これらについて順に見ていくことにしよう。

シートを被せる／シートで覆う

西日が桐ダンスに当たって日焼けするのを避けるため「タンスに風呂敷を被せる。」とも、また「タンスを風呂敷で覆う。」とも言う。どちらも風呂敷を広げてタンスに掛けることには違いない。では、どこがどう異なるのだろうか。このような場合、それぞれの文型に代入できる他の語彙を眺めてみるのが有効な手立てである。

AニBヲ～。
タンスに風呂敷を被せる。／　？　→掛ける→日光や人目から守る
炬燵に布団を被せる。／熱を逃さぬよう　→掛ける
鍋に蓋を被せる。／熱を逃さぬよう　→載せる
地蔵の頭に頭巾を被せる。／頭が冷えぬよう→載せる　→外気から守る
桃の実に袋を被せる。／実が傷まぬよう→はめ込む　→害虫から守る
虫歯に金冠を被せる。／歯が傷まぬよう→はめ込む　→細菌から守る

AヲBデ～。
雷鳴に手で耳を覆う。／塞ぐ→雷鳴をさえぎる　→耳を守る

新聞紙で汚物を覆う。／隠す→汚物を遮蔽する→目を汚さぬ
両手で目を覆う。／塞ぐ→惨憺たる光景をさえぎる→〃
タンスを風呂敷で覆う。／カバーする→日光をさえぎる→タンスを守る
ブックカバーで本を覆う。／包む→手の汚れをさえぎる→本を守る
苗床をビニールで覆う。／囲う→冷気をさえぎる→苗床を守る
ろうそくの火を手で覆う。／囲う→風をさえぎる→火を守る

「被せる」は、被せられるAの形状により「被せる」様態は異なるが、上から掛けたり、ただ上部に載せたり、立体的な物をくるむように、袋などをすっぽりはめ込むようにする。ワインなどの瓶に栓をするのは「被せる」ことにはならないが、ペットボトルの口にねじり方式の蓋をするなら、「瓶の口にキャップを被せる。」ことになる。そのため〝被せる物〟Bは、湾曲しているか袋状の物が多い。平面的な物、例えば風呂敷や掛け布団なども、被せることによって湾曲状にAを包める柔らかさが求められる。

さて、「AニBヲ被せる。」文型の意味は、まずAに対して「被せる」行為をする。なぜそうするのか？　熱を逃さぬようにとか、実が傷まぬようにとか、要するにAの質を落とさぬために行なわれるのである。原因があって「被せる」行為に及び、その効果として外部から内なるAを守ることになる。つまりAの保護を目的としているわけである。

一方、「覆う」は、Aに対して紙やビニール、布、シート、トタン、板、あるいは掌など平板状の物で、柔らかさは関係ない。「AヲBデ覆う。」文型の意味は、Bがデ格を取るところからも想像がつくように、Bを道具や手段として「覆う」行為をする。その結果として、光や音、汚れ、風などを遮ることになる。では、そうすることによって、どのような効果が得られたか？　目や耳、本や苗床を守ることが出来たわけである。つまり外なるマイナス状態を直接受けぬよう、Bを用いて遮蔽するという効果が期待されるのである。「被せる」が〝原因→行為→効果〟の関係であったのに対し、「覆う」は〝行為→結果→効果〟の関係である。この違いが、「被せる」は〝Aの保護〟を、「覆う」は〝外との遮蔽〟を目的とした行為の差となって現われる。

このように見てくると、例えば「建物にシートを被せる。」「建物をシートで覆う。」の差が、「被せる」は建物の屋根にシートを載せて雨から建物を守る保護意識を、「覆う」は建物の周りにシートを張り巡らせて外部から見えないようにする、遮蔽意識である。「球根に泥を被せる。」も、上に泥を掛けることによって球根を保護し、発芽を促すことであるが、「盗品を枯枝で覆う。」は、枯枝で隠すことによって人目につかぬよう盗品を守り（？）、発見を免れる企みが読み取れる。

ところで、「苗床にビニールシートを被せる。」と言えば、ただ無造作に上に掛けて霜や寒気から苗床を守るという意識だが、「苗床をビニールシートで覆う。」となると、隙間の無いようにぴったりと包み込む完全さを感じさせる。外気の流入を遮断するねらいである。このことから、「被せる」段階をさらに進めると「覆う」の段階に至る。それゆえ、「畑作物に藁を被せて覆う。」とは言えるが「覆って被せる。」とはならない。

洗濯物を干す／洗濯物を乾かす

「干す」も「洗濯物を干して乾かす。」とは言えるが、「乾かして干す。」とはならない。干した結果「乾く」のであるから、「干す」は「乾かす」ための手段ということになる。文型の拡張で見よう。

ＡヲＢニ〜。

昆布を砂浜に運んで出して並べて広げて……干す／乾かす。
昆布を砂浜に運んで出して並べて……干す／乾かす。
昆布を砂浜に運んで出して……干す／乾かす。
昆布を砂浜に運んで……干す／乾かす。
昆布を砂浜に……干す／　×　。

「干す」は日光や風にあてて水分を取り除く行為であるから、そのための適当な場所に干す物を運んで広げなければならない。だから「物干し竿／物干し場／窓辺／台の上／縁側／屋根の上……に干す。」と、Ｂはトコロ性の名詞である。干すための帰着点として「Ｂの場所に」Ａを移動させる。その結果、日光や風にあたって水分が取り除かれるのである。右に並べた文例からもわかるように、「広げて／並べて／出して／運んで／……」つまり「何々して、それから」なら「乾かす」も続き得るが、いきなり「砂浜に乾かす。」とは続かない。日本語として成り立たないのである。このことは何を意味するか？「どこそこに」と来たら、存在か移動、行為の実現場所（「〜に在る。／〜に運ぶ。／〜に置く」など）で、この「どこそこに」文型で「干す」が言えるということは、「干す」行為は、干すのに適当な場所へAを移動させることにより、そこで干す行為が実現されるということを意味する。要するにその適当な場所にAを位置させる。それが結果として「干す」ことになるのである。

「干す」が、干せるような場所へとAを持っていって、結果的に含まれた水分を飛ばすという消極的な行為であったのに対し、「乾かす」はデ格を取って、

AヲBデ〜。　昆布を砂浜で干して……乾かす。
　　　　　　昆布を砂浜で……乾かす。

となる。このデ格はトコロ性の名詞とは限らず、道具格や手段格にも働く。それだけ積極的に濡れたものの水分を除去する行為と言えるだろう。

髪をドライヤーで乾かす。／ハンカチをアイロンで乾かす。
濡れた手を温風で乾かす。／水で剥がした切手を火にかざして乾かす。
洗濯物を風や光にあてて乾かす。

「干す」と「乾かす」は類義語としていろいろ議論されているが、両者の文型の違いは意味の基本を異にする。ということは、事柄に対する話者の視点に相違があるということで、そこのところを押さえることにより、類義語同士の意味の相違と関係とがはっきりつかめてくるはずである。水分除去という点では共通点を持つが、除去にかかわる行為の段階をとらえる視点と、行為のどこに重点を置いた認識であるかで、語の使いわけが行なわれていることに思いを致すべきなのである。

嫁を選ぶ／嫁に選ぶ

「選ぶ」は国語辞典類では「二つ以上のものの中から、目的にかなうものをえりわけ、また、とり出す。」(『岩波国語辞典』第五版)として、例文として「ネクタイを―」「代表に―」を挙げている。だが、この二つの例文は、発想の面で全く異なる。それにもかかわらず語義解説を一本化しているのは、「えりわけ」と「とり出す」とで二つの違いを示していると考えるからであろう。どう異なるか？例によって両者の文型の差から入っていこう。

(a)ＡニＢヲ〜。　太郎に嫁を考える。／太郎に嫁を探す。／太郎に嫁を選ぶ。
(b)ＣヲＢニ〜。　花子を嫁に選ぶ。／花子を嫁に決める。／花子を嫁に迎える。

先の辞書の例文は、実は右の二つの文型、「ＡニＢヲ〜。」(ネクタイを選ぶ。)と、「ＣヲＢニ〜。」

（代表に選ぶ。）とを省略した形で示したものなのであった。この二種の文型の決定的な違いは何であろうか？　同じ「選ぶ」に語義面で差があるのだろうか？　動詞の文型は、その動詞の意味内容と連動する。したがって、共通文型に立つ動詞は、意味特徴において互いに近接した関係を保っているものである。(a)の「AニBヲ〜。」文型では、受ける動詞に「考える」や「探す」などが立ち、それと歩調をそろえるように「選ぶ」が来る。複数の対象からどれが該当するか考えたり、探したりするのと同様に、どれにしようかと選び考える行為が行なわれている。

(b)の「CヲBニ〜。」文型では、今度は「決める」「迎える」等が立つから、この文型で「選ぶ」を用いると、選び出す・撰び抜くといった文脈的意味が前面に出る。(a)の文型では、選ぶ対象Bに「嫁を」と身分・立場の名詞が来、そのため、嫁の立場にふさわしい人物を「考える」や「探す」と同じく、〝選択する〟段階である。が、(b)の文型となると、選ぶ対象Bに「花子を」と特定個人が来るため、この「選ぶ」は選択段階を超えて、「決める」などと歩調をそろえて〝選定〟の段階に至るのである。

整理するとこうなる。まず(a)の文型段階では、人間関係の上で該当しそうな不特定対象を考え、探し、その中からいずれが適当か該当対象を選択する（「Aニ」は〝Aに対して〟の意）。そして、(b)の文型の段階に至って、特定の一対象を選定し、その人に決定、いよいよ迎えることとなる（「Bニ」は〝Bとして〟の意）。これら一連の行為は、〝発案→探索→選択→選定→決定→決行〟という意味の流れで表され、文型面でも「AニBヲ〜。」から「CヲBニ〜。」へと形式が移行して、同じ「選ぶ」でも異なる二種の文型にまたがるのである。初めの(a)文型では〝選択〟、次の(b)文型では〝選定〟という、文型に文配された文脈的意味が宿り、「探す→選ぶ(1)→選ぶ(2)→決める」という行為の順序性とともに、各動詞ごとの意味的つながりも、文型との関係で把握されていくのである。まさに文型・意味のかかわりは、行為や現象の連関と歩調をそろえて移り行くのである。ことばが人間の社会や生活と密接に繋がり、生活文化の反映であるとは良くも言ったものである。

第八章　受け手の視点が日本語の発想の根源

一、日本語は己の視点から事態をとらえる受けの姿勢

受身の発想「られる」について

かつて筆者が大学院で演習授業を担当していた折のこと、研究指導として院生の修士論文作成の中間報告を聞く機会が多かった。ある年、中国語に堪能な一人の女子学生が、夏目漱石の「吾輩は猫である」の日本語原文と中国語訳とを対比して、それぞれに出現する受身表現の対照研究を行なうという趣旨の調査報告を資料として配布し、研究の経過を発表した。後に彼女は、それを立派に修士論文にまとめ、めでたく文学修士の称号を得たのであるが、その調査報告によると、漱石原文のほうが中国語訳よりも遥かに受身の使用頻度が高いという。もちろん訳本の場合は、中国語文法での受身形態をカウントしていったのであるが、両者を突き合わせて比較検討してみると、漱石原文が受身だからといって、必ずしも受身に訳しているとは限らない例が意外と多かったのである。彼女の調査によれば、原文が能動態であるにもかかわらず中国語では受動態に訳されている箇所も若干は見られたが、

むしろ、受動態の原文を能動態に訳出するという例のほうが、ずっと多かったという。このことは何を意味するのだろうか。直訳的に、受身表現だから受身にという初心者的訳でないかぎり、本来その文脈を受身で表すことは中国語として誤用になるとの観点から、意識して表現形態を中国語方式に改めたと言える。たとえ日本語の発想では受身が自然であっても、中国語には馴染まない、不自然な発想となるのだろう。もっとも、日本語においても、ある事態を言葉に載せるとき、絶対受動態でなければ不自然だという場合と、能動・受動のどちらの発想でもかまわない。どちらが自然かは、事柄によっては必ずしも明確でないという例も結構あるのである。

物の存在を表す「られる」について

作品は異なるが、漱石自身、能動・受動で揺れている例が見られるので、紹介しておこう。これはモノ主体の受身の例である。

○私の移った日に、其室の床に生けられた花と、其横に立て懸けられた琴を見ました。何方も私の気に入りませんでした（中略）私はそれから床の正面に生けてある花が嫌でなくなりました。同じ床に立て懸けてある琴も邪魔にならなくなりました。

（夏目漱石『こころ』「先生と遺書」十一）

それほど離れていない文脈の中で、床の間の花や琴の状況を述べるのに、まず受身形で表現し、同じ内容を次に受身を使わずに能動態で表現する。どちらで表しても日本語として間違っていない。このようなことは何も漱石に限らず、現代の人々の文章にも見られるごく普通の現象だ。

○彼の机は書物の谷間に置かれていた。これはありあわせの二つの箱の上に一枚の板を渡したもので、その板の下には小さな炬燵が置いてあった。

（伊藤　礼『伊藤整氏奮闘の生涯』）

他動詞に「てある」を加えて、何かの行為を受けた結果が現状として眼前にある、そのさまを述べる手法はごく普通の日本語表現である。だが、それにわざわざ「られる」を加えて同じ内容の事態を表現する。少し古めかしい形では「～られてある」、現在普通の形式なら「～られている」が用いられる。混用の例も多い。

○今回はその桜堤に、ドラム缶がずうっと積み上げられてあった。ここに続いて、家の周囲にもぐるっと積み上げられていた。

（岩田幸子『笛吹き天女』）

○前後の連絡もなく、大きな字で万年筆やエンピツで思いつくままに書かれている。飛び飛びなのは時間経過をしめしている。大きな大学ノートは、殆ど仕事の予定表で、克明に書かれてある。

（織田昭子『わたしの織田作之助』）

いったいこの文章の筆者は、両形式にどのような差を感じていたのであろうか。いずれにしても「積み上げてあった」「書いてある」と端的に表現することをせず、わざわざ「られて」を介して述べなければならない、そのわけを説明するのはかなり難しい。似たような状況でも、受身形にしたりしなかったり、かなり恣意的な面があるのではないか。

○衣桁の傍に小さい机が置かれ、その上にさっき景子が剪り取ったはちすの白い花が一輪、青磁の首の細い花瓶に挿されてあった。（井上　靖「黯い潮」）

○ちゃぶ台の上には、私がお湯へ入る前には見なかった青硝子の花瓶が置かれ、一茎のコタツバナを活けてあった。（井伏鱒二「コタツ花」）

以上の例は、いずれも琴や机や花瓶、ドラム缶、生け花、ノートにある文字等、客体的な対象（モノ）の現状を述べた部分で、話し手自身が受け手となる動作性の表現ではない。「生けられた花」とか、「置かれていた」、あるいは「置かれてあった」など、いずれも状態性の表現形式で、このような例では「られる」の有無はかなり恣意的で自由であるらしい。話者の目はあくまで傍観者として、その対象のモノを、「置いてある」と、行為者に視点を置いて述べるか、あるいは「置かれてある」ないしは「置かれている」と、モノの側に視点を据えて、受けた行為の結果の状態ととらえるか、どちらにしても結果の現存に対する叙述である点は変わらない。

○東京の街を歩いていてよく気にかかるものに、要所々々の交番に出されている交通事故についての掲示がある。

（新島　正『ユーモア』）

「出されている」のところ、能動態「出してある」でもかまわないし、もっと直截的に話者自身の視点に立って、「出ている」とすれば、なお良い。客体的な対象（物）の状態描写は、第三者の目で「られる」の受身形にするか、しないか、どちらともなる揺れが続いている。むしろ「出ている」と話者自身の目でとらえたほうが、より日本語的発想となると思われるが、いかがなものであろうか。この〝話者自身の目からの状況描写〟については、また後で触れることにする。

場所を主体とする「られる」について——「囲む」を例として

場所を表す語が受身の立場に立つ例の代表として、「囲む」を取り上げる。囲む行為や現象とは、何かが何かの周りを取り巻いて中に取り込めることである。その中側に位置するものが、ある広がりを持った場所や範囲であるため、必ずしも地理的な場面とは限らず、面積を占めるモノ性の語でもかまわない。例えば、

Ａガ　Ｂヲ～〈行為／状態〉

○小田原城の東方に出てゐる徳川家康、反対側の西をかこむ細川忠興、そのあひだを繋いで羽柴秀

次（中略）はやはや敵を鳥篭へ入れ候ておき候間

（野上彌生子「秀吉と利休」）

などは、城攻めとして小田原城の占める地理的範囲に包囲網を布く行為であるから、場所的性格が濃い。が、取り囲む側が人間であるため、意志的な行為として敵軍を囲むという「ヒト対ヒト」の関係となる。もちろん、囲まれた側に視点を置いて「北条方は秀吉勢に囲まれた。」と受身として表現することも出来る。このような人間が絡む関係ではなく、純然たる自然環境としての「囲む」では、どうであろう。ある領域を取り囲む状態にある地理的説明として、

○その孫広家は、三方を川が囲む横山に築城し

（岩田幸子『笛ふき天女』）

と、囲んでいる「川」の側に視点を置いて、能動態で表現することも、もちろん可能である。しかし、このような例は甚だ少ない。多くは取り囲まれている内側の領域に視点を置いて、受動態で描写する。例で見よう。

○十五分ばかり歩くと、三方山に囲まれた盆地の中の河合部落に着いた。

（石坂洋次郎『石中先生行状記』）

○麦畑は三方丘にかこまれて、三町四方ぐらゐの広さがあり

（坂口安吾「白痴」）

これらは四方全面封鎖でなく、三方向から取り巻かれるようにかかえこまれた状態にある。その内側にあって「囲まれている」と意識するのである。二方向でも、両側から挟まれるようになって、その中間地帯に視点を置けば、やはり「囲まれている」と意識するらしい。

○二方は山に囲まれて、一方は海に面し、眺望は絶佳である。
（林　伊勢『兄潤一郎と谷崎家の人々』）
○博多平野は東に三郡山地、西は糸島山地でかこまれ
（『日本の歴史1』）
○松江の市街地は（中略）左右を半月堡状の美しい丘にかこまれ
（石　一郎『小説小泉八雲』）

いずれもその土地の自然環境として、外側を山や丘、川や海などに取り巻かれていると認識される地勢の描写である。意図的に誰かによって囲み込まれた結果ではない。「日本は海に囲まれている。」に見るように、このような地理的環境の描写には、話者の目は内側の領域にあって、己を取り囲んでいる周囲を見回す意識に立つ。「海が日本を囲んでいる。」という傍観的描写は日本語的な発想ではない。なお、このような地理的状況の「囲まれ」状態は、周囲を取り巻く側は複数者の集合や線状の物ではなく、平面である。その平面の中に穴が開いたように存在する領域に、話者の視点が置かれるのである。このような発想の場合、中を囲む条件は、今見てきた例のように、必ずしも全面封鎖とは限らない。三方あるいは二方でも、内側に視点を置く話者が、中に閉じこめられた状態だと感じれば、

「囲まれている」と表現できるのである。地理的場面でなくとも、同じような状況だととらえれば、この表現法が援用されるのだから面白い。

○睫毛の長い眼はやたらに大きく、長く引いた弓形の眉で囲まれていた。

（大岡昇平『武蔵野夫人』）

以上見てきたように、地勢説明で、面による囲みの表現では、内部から見て四周全面が封鎖状態でなくても、外側から取り込まれたように囲まれてしまった状況と見て取れば、二方・三方でも「囲まれている」と理解する。先の小田原攻めのように、動作性の場合は、四周全面その対象を外側から線条的に封鎖するか、もしくは一方が障害となり、残る三方が封鎖されて、内部から逃れられない状態となれば、これも内側の者にとって「囲まれている」のである。人間によって作り出された物による状態でも、同様の条件にあれば、当人にとっては当然「囲まれている」と受け手の視点でとらえるであろう。

○客間は東と南はガラス障子に囲まれている。

（尾崎一枝『父尾崎士郎』）

○屋敷のうしろにさんざしの木で取囲まれた檻を持っていた。

（佐藤春夫『瀬沼氏の山羊』）

○坂をのぼった屋敷町で、生垣に囲まれた門があり

（石川光子『兄啄木の思い出』）

話題のある場面を説明するのに、傍観者の目で全体の地理的状況を俯瞰するのではなく、あくまで内側のその領域に己の視点を据えて、受身的にとらえる。ここにも日本語的な発想の特殊性が見て取れるのである。

事柄を主体とする「られる」について

物ではなく抽象的な事柄に対しても、受身の表現は多用される。いわゆる非情の受身であるが、例えば「文明の危機を叫ぶ。」といえば、誰か特定の個人がそのように声を大にして主張する個別的な事象に過ぎないが、受身を用いて「文明の危機が叫ばれる。」というと、〝世の中の情勢や傾向として、そのような声が盛んに起こる〟という一般化された社会現象となる。不特定多数の声なのである。「られる」を用いることによって、話者を取り巻く周りの状況を話者が受け止めるという受身の発想となり、結果として世の一般的傾向や情勢を表すという普遍的な事態となるのであろう。目についた例を左に少し掲げておく。

価値が見いだされる／考え方がされる／技術が近代化される／希望がこめられる／苦労が報いられる／傾向が見られる／学問が否定される／答えが出される／心が動かされる／信仰が失われる／資格が与えられる／事実が明らかにされる／思想が生かされる／世界が描きだされる／危険にさらされる／戦いが続けられる／大会が開かれる／タブーが侵される／貯蓄が奨励される／伝統が破壊さ

れる／問いが発せられる／自然淘汰が行なわれる／人格が尊重される／秘密が暴かれる／批判がなされる／文明が創造される／目が向けられる／問題が提出される／問題が提起される／歴史が繰り返される／論理が編み出される

なお、具体的なモノ名詞がこれらと同じように「られる」を受けて、社会や歴史上の一般的事実として存在することを表す例も見られる。新たに事が起こったり、物が世に出されたり、さらには歴史の中に現われ、また、過去の事実としてことの成立を叙す意識の時、この非情の受身形が使われる。

記念切手が売り出された／新薬が発見された／人工衛星が打ち上げられた／処女作が出版される／新製品が売りに出された／幕が切って落とされた／矢は放たれた／源氏物語の書かれた時代

二、対人関係を己の側からとらえる日本語

ここまでは、物や場所・事柄といった、いわば非情の主体と他の主体との相対関係について話者がどうとらえるか、話者の視点の置き所に焦点を置いて眺めてきた。次に本題の〝人対人〟の関係における行為者・被行為者のどちらに視点を置く傾向が強いか、受け手の立場に立つ傾向があるとすれば、それはなぜなのだろうか。その点について以下順に眺めていくことにする。初めは、前の続きとして、

対人関係における受身を、そのあと、「てくれる」の恩恵賦与表現、「行く／来る」に見られる話者の視点、文章表現における話者の視点の自由な転移の問題などを扱っていく。

人を主体とする「られる」について

さて、これら物や事柄は、言ってみれば外なる対象の描写に過ぎない。これらとは別に、内なる話者自身が受け手の側に立つ人間主体の被動作性受身もあり、これこそが最も受身らしい受身と言うべきである。

人間主体の受身は、「られる」を添えることによって、話者自身が（時には登場人物の視点に立つ話者が）他人から受ける立場となることがはっきりする。そのような受け手の立場にあるにもかかわらず、もし行為する第三者側の視点で、己にかかわる事柄を叙述するとしたら、果たして日本語として自然な表現と言えるのだろうか？　先の「吾輩は猫である」に話を戻して、その点を詳しく見ていくことにしよう。

例の院生の挙げた、中国語訳で受身を用いなかった用例として、次のような一節があった。

○吾輩が此家に住み込んだ当時は、主人以外のものには甚だ不人望であった。どこへ行っても跳ね付けられて相手にしてくれ手がなかった。

漱石の原文では、「(吾輩は)跳ね付けられて、(吾輩を)相手にしてくれ手がなかった。」と、「〜られる」の受身、および「〜てくれる」の恩恵賦与表現を用いて、〝吾輩の立場〟で一貫させている。ところが、このような文脈を、中国語訳では一切受身を使わずに、第三者の視点で傍観的に叙述しているというのである。訳者の于雷氏の訳によれば、およそ次のような文章になるであろうか。直訳的に日本語に直すと、

○主人以外の人は我輩をひどく嫌い、彼らはどこへ行っても我輩を跳ね付けて相手にしなかった。

ざっとこのようになる。言語による発想の差が如実に現われた例であるが、では、日本語では、何が何でも己の視点から受け手の立場で一貫しなければならないのだろうか。次の例を見てほしい。

○私は今日まで皆に軽蔑されて来ました。私のつくるものは少しの値打ちもないものと皆、思っています。二三の例外の人があって、私のものを買ってくれる人もありますが、その他の人は私を相手にしないようにしていますが、軽蔑しているのは事実です。(武者小路実篤「ある彫刻家」)

「私は……軽蔑されて／……私のものを買ってくれる」は私の立場。受身「られる」と「てくれる」の恩恵賦与表現を用いているところは、漱石の例と全く同じである。ところが、「皆、思っています

／相手にしないようにして／軽蔑している」は第三者の目で、「皆」の側からの振る舞いとして描写している。ということは、この実篤の文章は、「私」の立場と他者の立場からとがない交ざって、自在に視点の位置を移動させている。これがもし傍観的な視点で一貫させたら、どうなるか。恐らく次のようになるであろう。

○皆は今日まで私を軽蔑してきました。私のつくるものは少しの値打ちもないものと皆、思っています。二三例外があって、私のものを買う人もありますが、その他の人は私を相手にしないようにしていますが、軽蔑しているのは事実です。

しかし、このように「私」が登場するにもかかわらず、すべて第三者の目に徹する描写法を取ると、何か突き放した他人事のようで、どうも日本語として馴染まない。むしろ、原文よりもっと受動態を増やしたほうが、より自然な日本語のように思えるが、筆者の主観であろうか。試しに作り替えてみよう。

○私は今日まで皆に軽蔑されて来ました。私のつくるものは少しの値打ちもないものと皆に思われています。二三例外の人がいて、私のものを買ってくれる人もありますが、その他の人は私を相手にしないようにしていますが、私が軽蔑されているのは事実です。

「その他の人は私を相手にしないようにしています」の箇所は能動態となるが、ここの部分は、後に続く「私が軽蔑されているのは事実です。」を導く逆接条件の前提となる解説のくだりだから傍観者的視点で述べ、そのことに対して自分がどのようにされているか、受身の視点でしめくくる。表現の性格上、受動態とはなりにくい箇所なのである。

話者自身が人間関係の中で己の体験として話を進めたり、文中の人物の立場に立って事態のなりゆきを体験的に述べる、このような場合、日本語は受け手の立場に立って叙述することが極めて多い。自身がある状況にさらされている様を、受けの姿勢ではなく、高見から見物するように、傍観的に叙述説明する態度は、あまり日本語的とは言い難い。当事者の側からことの成り行きをとらえる発想は、「られる」の受身や「やり・もらい」の恩恵賦与表現とばかりは限らない。「〜ていく／〜てくる」その他いろいろ見られるので、次にその問題について眺めていくことにする。

対人関係も己の側からとらえる「やりもらい」

「〜てくれる」は「〜られる」と同じく相手側から己の側へと向けられた行為である。が、「られる」と違って、その働き掛けが成就した場合、当方にとっては有り難いうれしい結果となる。

○僕達が行ったのは少し遅かったが、喜んで自分の仕事場につれて行ってくれた。

（武者小路実篤「ある彫刻家」）

ところが、前に紹介した漱石作品に出て来た「相手にしてくれ手がなかった。」では、否定形を取ることによって、逆のうれしくない、有り難くない事態を予想させることになる。そのようにされることに迷惑感を抱いている行為が現われて、「〜てくれる」ことが恩恵賦与どころか、ありがた迷惑となる場合すらあるのである。次に掲げる例は、すでに本書の第一章で紹介した例であるが、説明の都合上、再度ここに掲げることをお許しいただきたい。なお、類似の例をもう一つ紹介しておく。

○「じゃあ、ここでしばらく仕事をするから、当分は、おれが鵠沼にきていることはほかには教えてくれないでほしい」と念を押すように言って……（清水きん『夫山本周五郎』）

○「前橋で下りるとき起こしてくれるな。目がさめると睡れないから」（室生朝子『大森犀星昭和』）

「教えないでほしい。」と言えばすむものを、何でわざわざ「てくれないで」と回りくどい言い方を選んだのだろう。次の例も「起こすな。」で一向にかまわない。「てくれる」を用いた以上、その行為が話者自身のためになされた恩恵の賦与であり、それを拒絶するところに、強い迷惑感を前提とした念押し表現であることがわかる。特に前の例では、「ほかには」とあるように、〝よその者には教えるな〟ということであるから、むしろ「教えてやらないでほしい」のほうがすっきりするように思われる。それをあえて「教えてくれないで」と言うのだから、これは恐らく〝私のためによその者に報せることはするな〟という意識が、このような表現を取らせたのであろう。
日本語に、このような話者の心理の揺れを踏まえた微妙な表現法のあることは、喜ばしいことと言わなければならない。

己の視点からとらえる「ていく・てくる」

日本語では、たとえば誰かが走っている様を述べるとき、英語などに見られる「彼は向うへ走る。」とか「彼は遠くへ走る。」のような傍観者的とらえ方をしない。自己の視点を基点にして、「彼は走って行く。／走って来る。」と話者側から遠ざかるのか接近しているのかを、話者自身の目を通して叙述していく。次の例も、

○私はどういう気だったろう、（中略）その話し声を聞くと一緒に、敵眼に曝露している三十米ほどの磧を走って、君たちのところへ駆けていった。
（田村泰次郎「肉体の悪魔」）

○雨が少し落ちて来たので、女だけ俥で行った。父と自分と妹の良人とが歩いて行った。料理屋へ行ってからも順三は中々来なかった。
（志賀直哉「和解」）

と、「駆けていく」を用いているところを見ると、話者の目は、駆けだす前のスタート地点にあって、向うの「君たちのところ」を目指す意識であろう。移動者は話者自身であるから、現地点から遠ざか

ることになる。次の直哉の例も同様である。一方、「来る」を用いると、

○一時間ほど経った時に、彼方で人々の気色立つのが聞こえた。皆帰って来たなと思った。廊下を女中が駆けて来た。そして「皆様、お帰りになりました」と報告して帰って行った。
（志賀直哉「和解」）

○陳は日盛りの街を歩いて来たらしく、白い衣服に汗がにじみ出ていた。
（田村泰次郎「肉体の悪魔」）

話者の現在位置に近づき到着する。それを受け止める己の視点に立つ。したがって、人や車などの位置移動は、話者自身が移動者であるか否かにかかわらず、己の現地点に基準を置いて、そこからの離反か、そこへの接近かで、「行く／来る」を使い分ける。もし、話者の視界を左右に横切る移動であれば、「向うの山裾を列車が走っていく。」と「行く」を用いるであろうし、対象の移動につれて主体も移動していく場合や、現実の場面ではない話題の場所から他の場所への移動にも「行く」が用いられる。現在位置からの移動という離反意識からであろう。

○（伊之は）追いついてもきゅうに声をかけずに執念ぶかく、小畑と肩をすれすれに歩いて行った。
（室生犀星「あにいもうと」）

○彼女はお座敷の行きや帰りにたった一人で留さんの住んでいる長屋までよく駈けて行った。
（広津和郎「訓練されたる人情」）

さて、こう見てくると、「行く」でとらえた対象は、出掛けて行った結果、話者の視野から離れてしまったと考えられがちだが、実際の文章では話者の目は自由に移動が可能で、その対象の行き着く先に視点を移して、そこでの情況を観察する。視点の転移である。

○二人は赤座の小屋に弁当を持って行ったが、赤座は二人の姿を見たきり何ともいわなかった。
（室生犀星「あにいもうと」）
○自分は椅子を其所へ持って行って向い合って腰かけた。
（志賀直哉「和解」）
○出演者と一緒に氏が会場へ行ってみると、驚いた。座席のことごとくを電力工事の人夫が占領していて、
（高見　順「流木」）

行った先が次の場面になるのだから、そちらに視点を置いて「弁当を持って来たが、赤座は……」「椅子を其所へ持って来て向い合って腰かけた。」「氏が会場へ来てみると、驚いた。」としても一向に差し支えない。「行く」「来る」どちらを用いるかは、かかって話者の視点の置き所による。表現レベルで考えれば、話中の視点の位置は固定することなく、至って自由であるため、「来る」でとらえた場面

を、次に「行く」でとらえ直すことも、また、その逆も有り得るのである。こうした視点の転移の例を紹介しておく。

○電力反対の演説会には五百名にのぼる庄川流域各村の住民たちが草鞋穿きで集ってきた。遠い山道をはるばる歩いて行ったのである。（高見　順「流木」）

理屈から言えば「歩いて来たのである。」とすべきところであろう。話者の目は話題の推移に応じて自由に移動できるから、「行く」で対象を送り出して、次にその人物を迎える視点での場面転移を可能にする。

○彼は別室の外科用診察室に彼女を連れて行った。看護婦は彼女を踏み台の上の高い椅子に腰をかけさせ（石川達三「深海魚」）

初めの場面、待合室から彼女を送り出し、次に外科用診察室に視点が移って、看護婦の行動を観察する。観察者の目で統一されてはいるが、場面転移が見られる。次の描写もまったく同様である。

○薬局にいた看護婦は奥へ引っ込むとやがて診察室の扉を開いて、どうぞと男に言った。すると丸髷の女も立って一緒に入って行った。

「ああ二人一遍に来ちゃあいかん。お婆さんは一寸待っておいで」

医師は白い診察着を頭からかぶりながら言った。

（石川達三「深海魚」）

この視点の場面転移は、さらに観察者の目から当事者の目への移行という形で、文章表現の中にしばしば登場する。もはや「行く」「来る」を超えた日本語らしい〝己の視点〟からの表現として、特記すべき事柄であろうと筆者は考える。

三、文章表現における己の視点

文章表現においての叙述の態度として、傍観者的に事態の推移を解説する姿勢もあれば、執筆者自身の視点からこうであると描写する態度もある。さらに、話中の人物の視点に立って事の成り行きを受け止める主体的な叙述の態度もある。しかも、それらを自由に使い分け、時として異なる次元の叙述態度へと自由に移行することさえ許される。特に文学的な文章になるほど、この叙述姿勢の変移は多用される。作家の文体も、このような見地から観察すると、使用の頻度にかなり個人的なばらつきがあることも理解される。硬い、どちらかと言うと理知的な文章ではほとんど見られず、柔軟な抒情性の克つ文章では、しばしば使用される。

○うとうととしていると突然ぼうーっという汽船の笛がすぐ耳もとに落ちて来た。

（若山牧水「岬の端」）

ここでは、話中の人物は執筆者（牧水）自身であるから、執筆者の己の視点から、汽笛の音が「落ちて来た」と、とらえたことになる。ところが、次に紹介する文章では、執筆者の他にもう一人登場し、その人物の視点から描写が行なわれる。話中の二者関係における視点の転移である。

○汽車はその時分には、もう安々と隧道を辷りぬけて、枯草の山と山との間に挟まれた、或貧しい町はずれの踏切りに通りかかっていた。踏切りの近くには、いずれもみすぼらしい藁屋根や瓦屋根がごみごみと狭苦しく建てこんで、踏切り番が振るのであろう、唯一旒のうす白い旗が懶げに暮色を揺すっていた。やっと隧道を出たと思う――その時その蕭索とした踏み切りの柵の向うに、私は頬の赤い三人の男の子が、目白押しに並んで立っているのを見た。（中略）するとその瞬間である。窓から半身を乗り出していた例の娘が、あの霜焼けの手をつとのばして、勢いよく左右に振ったと思うと、忽ち心を躍らすばかり暖かな日の色に染まっている蜜柑が凡そ五つ六つ、汽車を見送った子供たちの上へばらばらと空から降って来た。私は思わず息を呑んだ。

（芥川龍之介「蜜柑」）

まず「私は……男の子が、目白押しに並んで立っているのを見た。」と観察者の立場に立って車外の情景を眺める。次に「例の娘」に目線を移し「霜焼けの手を……左右に振った」と観察を続ける。が、次の瞬間、娘の投げた蜜柑に対象を移して、「ばらばらと空から降って来た。」と、踏み切りの柵のそばに立つ子供たちの視点から降ってくる蜜柑を見据えるという、観察者の目から子供たちの目へと視点を転移させているのである。傍観者から当事者へと早変わりする芸当をいとも自然に行なう、文章表現ならではの技法であろう。

○その内に彼是十間程来ると、線路の勾配が急になり出した。トロッコも三人の力では、いくら押しても動かなくなった。どうかすれば車と一しょに、押し戻されそうにもなる事がある。良平はもう好いと思ったから、年下の二人に合図をした。

「さあ、乗ろう?」

彼等は一度に手をはなすと、トロッコの上へ飛び乗った。トロッコは最初徐ろに、それから見る見る勢いよく、一息に線路を下りだした。その途端につき当りの風景は、忽ち両側へ分かれるように、ずんずん目の前に展開して来る。——良平は顔に吹きつける日の暮れの風を感じながら殆ど有頂天になってしまった。

（芥川龍之介「トロッコ」）

初め傍観者の目線で、良平たち少年三人の行動を叙述し、トロッコに飛び乗る彼等の言動と、坂を下り始めるトロッコの動きとを描写する。が、「その途端に」を境として、以下「つき当りの風景は、忽ち両側へ分かれるように、ずんずん目の前に展開して来る。」の情景は、一気に坂を下って行くトロッコ上の少年たちの視点から、目に飛び込む眼前の風景をとらえていく。「展開して来る。」と「てくる」を用いているところも、彼等の目に瞬時に迫り近づく良平等の視点であることを示している。傍観者から作中人物への視点の転移の好例である。同じことは次の例でも言える。

○もう列車の近づく気配がしていた。はるかに汽笛の音がきこえ、レールがかすかに規則正しい振動を伝えはじめていた。（中略）小刀を彼はやにわに、自分の左の二の腕へつっ刺した。血はさっと吹きでて、熱い流れをなしてほとばしった。彼はその血潮にハンカチを浸して、しわをのばしてひろげると、枝の先に結わえつけて、わが血に染めた赤旗をかかげた。
　彼はつっ立ったまま、その旗をしきりに打ち振る。汽車はもう見えていた。旗は機関手の目にはいらぬと見えて、ぐんぐん汽車は近づいて来る。ここまで来たらもう最後だ――百間あまりの距離では、あの重たい列車が止められるものか！
（ガルシン・神西　清訳「信号」）

「……旗は機関手の目にはいらぬと見えて」までは、傍観者の目線で事の成り行きを眺め叙述する。次に「ぐんぐん汽車は近づいて来る。」と「てくる」による情景把握を取ることによって、傍観者の目から作中人物――信号手自身の視点へと移って、刻々と迫り来る列車に対峙する当事者の心になって「百間あまりの距離では、あの重たい列車が止められるものか!」と心境を吐露する。文章の展開においては、このような視点の移行は日常茶飯のことなのである。最後に視点の移行で、これまでの例とは反対に、客観的な傍観者の目線から、観察者自身の主観的な把握へと移る珍しい例を紹介しておこう。

○父は酒も煙草もたしなまない。外で宴会があっても八時ごろには帰ってきたし夜は書斎で書見をするか書き物をしていた。朝は食事の前三十分、かならず書斎に鍵を掛けことりとも音がしなかった。

（永井道雄「おやじ・永井柳太郎」）

「父は……書斎に鍵を掛け」と父の行動を解説している観察者の目からすれば、同じく「父は……鍵を掛け、ことりとも音をさせなかった。」と、父の行なう行為の解説で一貫すべきであろう。それを原文では、観察者自身の聴覚感覚として「音がしなかった。」と現象受容の視点に立っている。このような視点の転移も時として見られるのである。しかも、だからと言って悪文であるとは決して言えない。むしろ日本語としては、かえってこのような受けの姿勢で事の成り行きをとらえていく、より日本語らしい表現態度を生み出していると言っても過言ではないであろう。

第九章　日本語の表現と日本人の発想・文化

一、自己の視点を中心としがちな日本語

日本語は本来「私」を主題として立てることをしない。「私は……」と自己を主題とする場合には、「誰一人行くとは言わないけれど、この私は行きますよ。」「いいえ、私は犯人ではありません。」のように、〝他の人はともかく、この私は〟という強い対比意識が働いているか、〝この私に限っては〟という自己を例外とする否定的主張かである。英語などでは、

Where are we now?　／　I've lost a button.

と、己を主語に立てて右のように言うが、日本語なら、己はその事柄や事象をただ眺め受け止める自

分自身でしかなく、現に眼前に展開する事態を、「ここどこ?」とか、「ボタンが取れてしまった。」と、受身的視点で表現する。第三者についての叙述「彼は今どこにいるの?」とか「彼女ボタンを無くしたんです。」と同じように、己を外の存在物として「私は……」と客体化し、その「私」の上に起こった事態を傍観的に描写する態度は取らない。自分を他者同等の扱いが出来ないのである。

「私」はあくまで「自己」であり、自己の視点中心に外の世界を一つの成り行きとして把握する。このような態度が述語中心の日本語を生み、その他さまざまな文法的特質を生むことになる。たとえば、講演会の開始時間になって、司会の担当者が「先生、そろそろお時間です。」と言い、公演の終了に際して講師が「ちょうど時間になりました。」と言う。また、試験時間も終わりに近づいて、受験生が「あ、もう時間だ!」とあわてる。これらの「お時間です。」「時間になりました。」「もう時間だ!」のたぐいには、特に「何が」の主語を考えない。考えても主語に相当するような事柄は浮ばない。無理に主語を立てて「今はもう時間です。」などとやっても、「今」イコール「時間」などナンセンスだ。しかも、この「時間」の意味は発話者のその折の状況や、それに対する心理状態によってさまざまで、一概には定義できない。「時は金なり」などの「時」の意味ではもちろんない。そんな無味乾燥な「時間」や「時刻」の意味ではなく、その折、その場の事情によって、一つ一つ「時間」が意味する含みの概念には差があり、千差万別である。発話する人間の心と、発話の場面とを、いかに重視する言語であるかが分かろうというものだ。それが日本語の特性である。

自動詞・受身動詞の多用

そういえば、可能・自発・自動詞に見る「なる」の発想など、いずれも自己の視点から見た受け手の発想に基づく文法現象で、それらは枚挙にいとまがない。表現者が己の視点で周りの世界（＝外）を眺めれば、もろもろの事態・現象は皆、自然の成り行きと考えられ、それを受け止める己は、その〝自然〟に支配されている存在と考えるわけで、それが受け手の姿勢を助長し、日本語文法の日本語らしい諸現象を発展させていく。

自己の視点から見た受け手の発想は、周りの世界を自己の手の届かぬ成り行きととらえる。それが己を自然に支配されている存在、つまり受け手の立場として自発や受身の発想を助長し、己の力であるはずの能力所有、すなわち可能でさえも成り行きの結果として受け止めてしまう。可能表現の「バーベルが持ち上げられない。」を「持ち上がらない。」と自動詞で表すなど、成り行きを有るがままに述べる典型的な受けの姿勢と言えよう。その他、

○卵を割っちゃった。↓卵が割れちゃった。
○お茶を入れました。↓お茶が入りました。
○お風呂を沸かしました。↓お風呂が沸きました。
○おーい、船を出すぞ！↓おーい、船が出るぞ！
○熱を出した。↓熱が出た。

のように上の他動性の行為や現象を、あたかも自ずとそのような状況になったかのように、矢印の下の自動詞述語によって「割れた」「入った」「沸いた」「出た」と自発的な表現をする。自己とは関係ない外の事態に対してさえも、

○改札を始めている → 改札が始まっている。

と、そのような状況が今、眼前に展開しているさまとして受け止める。このような成り行きの受けの態度が、日本語に次に掲げるような自発性や受身的性格の強い動詞を発達させたと考えられる。

見える／聞こえる……客観的な可能ではなく、主観的な自発性の動詞である。
教わる／（警察に）捕まる／（刑事に）見つかる／（子が）授かる／預かる／ことづかる／言いつかる／仰せつかる……自発性ないしは受動的な動詞語彙である
（情に）ほだされる／（身に）つまされる／（食欲を）そそられる／（良心の呵責に）さいなまれる／（悪夢に）うなされる／（人に）気取られないように／焼け出される／魅せられる／囚われの（身）／招かれ（ざる客）……受動形式で用いられることが多い語である

己を受け手の立場に置く慣用表現

日本人の受動的心理は受身表現を発達させる。それが一般化すれば、慣用句や慣用表現として固定する。それがまた日本語には実に多い。「私」中心の視点から「外」をとらえる姿勢が己を受け手の立場に置くのであるが、それはつまり、外の世の中（人々）に取り巻かれている内なる己がいて、〝世間の人々に支配されている存在〟と考える受身的発想が、受身形の諺・慣用句を日本語に多数もたらしていると考えられる。例を挙げておこう。

【例】　痛くもない腹をさぐられる／一杯食わされる／一本取られる／牛に引かれて善光寺詣り／後ろ指を指される／負うた子に教えられる／飼い犬に手を咬まれる／極印を捺される／月夜に釜を抜かれる／出る杭は打たれる／鳶に油揚げさらわれる／長い物には巻かれろ／煮え湯を飲まされる／濡れ衣を着せられる／梯子を外される／廂を貸して母屋を取られる／冷飯を食わされる／骨抜きにされる／烙印を捺される

さらに、文法的な受身の形を取っていなくとも、意味的には受身の立場である語も日本語には多い。受動的意識を内に持つ語句と言い換えてもいいだろう。

【例】　壁に耳あり、障子に目あり／口車に乗る／誘いに乗る／肩透かしを食う／物笑いの種／笑い者になる／馘《くび》になる／放校になる／袋叩きにあう／矢面に立つ／非難を浴びる／授業で当たる／体罰を受ける／丸見え／筒抜け／袋の鼠／篭の鳥／顔が広い

「壁に耳あり、障子に目あり」は、人がいないように見えても、どこかで人に聞かれ、見られているものだ、気を付けろという諺である。受身そのものの注意事項である。次の「口車」や「誘い」に「乗る」ことは、「乗せられる」ことであろう。「笑い者になる」「馘になる」「何々になる」形式は、好むと好まざるとにかかわらず、そのようになっていく受けの姿勢、身を委ねるしかない成り行き任せの姿が生み出した形式である。以下すべて同様の受けの態度を意味する語彙であるが、たとえば「丸見え」といえば、辞書などでは、

まるみえ【丸見え】全部見えること。「室内が外から――」（『岩波国語辞典』第四版）

と語義解説があるだけで、特に受け手の視点について触れられていないため、当時ある留学生は、

○今日はいいお天気で、富士山が丸見えです。

のような誤用文を作ってきた。次の版では解説を改めて、

まるみえ【丸見え】（見られたくないものなどが）全部見えること。「外から室内が―だ」「魂胆が―だ」（『岩波国語辞典』第五版）

となったので、富士山のような例は「丸見え」の対象にならないことがはっきりする。が、欲を言えば、これは決して見る側にとってのマイナス状態ではなく、「見られたくないものなどが」とあるように、見られる受け手側の視点で〝ちょっとまずいな〟という情景なのである。次の「筒抜け」なども、知られたくないことが、すぐ他に漏れてしまう状態ゆえ、やはり受け手の視点からのことばであろう。「袋の鼠」「篭の鳥」共に取り込められて逃げ場のない状態を言うのだから、受け手側の発想だ。「顔が広い」はその方面の人々に広く知られていて便宜を図ってもらえる人物というわけだから、「顔が利く」などと通ずるところがある。ただ、「顔」は世間に向けられた、人々に知ってもらえる己の看板にあたる箇所であるから、それが「広い」ということは、広く人々に知られているという受け手としての有り様を意味している。韓国語では、ほぼこれに相当する句として「足が広い」と言うそうであるが、「足」は特に人々に見られる受けの箇所ではない。むしろ自ら積極的に出歩いて、あちこち広く人々に接する能動的な意味合いだ。日本語のような「顔」によって人々に知られる、人頼みの受動的で消極的な姿勢とは程遠い。

韓国語といえば、面白い例として「八方美人」というのがある。日本語では、はっぽうびじん【八方美人】だれからも悪く思われないように、要領よく人とつきあってゆく人。
▽どの方面からみても難のない美人の意。（『岩波国語辞典』第五版）

とあるように、「だれからも悪く思われない」という、これまた受け手の発想の語である。その結果、「要領よくつきあってゆく」といった、人間的にマイナスに評価される態度の人物とのレッテルを貼られる。が、韓国語では、どの点から見ても非の打ち所のないすばらしい人物といった、日本語とは正反対の評価が与えられる。人によく思われたいと誰彼かまわず接する節度のなさは、人によく思われたいという受けの姿勢のなせる業だ。恐らく韓国語では、そのような、人から良く思われるようにといった受けの発想ではないのであろう。ここにも日本人の、受動的で己の視点中心の島国的なみみっちい発想が災いしているように思われる。

「が」の現象文も受け手の発想から

改札を始めている状況を「改札が始まっている。」と現象受容の視点で述べることについては、すでに述べた。この「改札が」の代わりに「改札は始まっている。」という言い方も一方にはある。日本語にこの二つの言い方があるのは幸せなことである。「～が」で始まる前者が成り行きを有りのままに述べる言い方であることは、承知のはずだ。それに対し「～は」で始まる後者は、「彼女はボタンを無くした。」のところで触れたように、当人の上に起こった事態を傍観的に描写する態度の文であり、「彼女はどうした?」「ボタンを無くしたんです。」と問答できる判断の文でもある。このことは第七章の第一節「運転手は君だ。」の項で詳しく述べた。

さて、前者のような、外の現象を自己の視点から「何がどうした。」ととらえる現象把握の文は、これまでいろいろ述べてきた事例と同じく、在るがままを受け手の立場で描くきわめて素直な表現の文だ。そこには何ら作為がない。現実の事象なのだから。

○雀の子そこのけそこのけお馬が通る　（小林一茶）
○ほら、そこをチンドン屋が行く。
○海が見える！　充溢した歓喜で（以下略）　（千家元麿『炎天』）
○（スーパーで）もう初物が出ている！
○蛙が死んでいる！

当然、外の世界をとらえた表現で、話者の意志とは無関係である。だから「窓が開いている。」と言えば、誰かが開けたか、あるいは風などで自然に開いてしまった状態を目にした時の発話で、自分が前もって開けておいたわけではない。右の諸例も皆、外の世界の情景を目にした折の発話で、初めて目にする事態ゆえ、時に発見の驚きや歓喜の情の伴う場合も多い。自己の視点からの状況把握の典型と言ってよいだろう。

二、対人関係の重視は「公」と「私」の区別の現れ

「私」中心の視点から「外」をとらえる

日本人は、なぜ自己の視点から状況を把握しようとする傾向にあるのだろうか。外の世界をとらえるのに、自己の視点を中心に据えて、周りの状況を受け止める。いわば周りは自己を取り巻く〝外の世界〟であり、己はそれを〝内の世界〟から眺め受け止めている存在にすぎない。この〝外の世界〟は「公」、つまり世間様・世の中である。その世間様の人々との関わりの中で生きていくことが、すなわち「世渡り」で、「身過ぎ世過ぎ」であるわけだ。「男は敷居を跨げば七人の敵あり」などという物騒な諺もあるが、敷居の内側は己の世界「内」で、跨いで出て行けば、そこは世の中、つまり「外」の領域ということになる。内とは「私」の領域、外とは人々によって営まれる世の中だから「公」の世界ということになる。したがって、日本人には、「公」と「私」とは相対峙する別の領域との観念があり、両者の間に一線を画する。だから、垣で仕切られたはずの両者の区別をないがしろにする、いわゆる「公私混同」は悪との思想が根強く、その垣をあえて越えようとするときには「私事で申し訳ないが……」のような断りを添えなければならない。本書の冒頭で述べた対相手意識の強い表れ、間投助詞の「ね」や「よ」の頻用、確述意識の表れである「た」の使用など、いずれも意識の底にある聞き手（外人間）への心遣いがなせる業である。

「人」を他人の意味で用いる日本語

そういえば、日本語で「人」と言えば、それは他人を指していて、人間一般を意味していない。「人はパンのみにて生きるに非ず。」などというのは外国人の発想で、日本語では「人」と「人間」とは意味が異なり、厳格に区別している。「人」を使った諺や句を眺めてみよう。

人のふり見て我がふり直せ／人を呪わば穴二つ／人を見たら泥棒と思え／我が身を抓《つね》って人の痛さを知れ／人の口に戸は立てられぬ／人の噂も七十五日／人は人、我は我／人のことより我が事／人騒がせ／人見知り／他人事／人助け／人嫌い／人好きのする～／人づてに～／人聞きが悪い／人目をしのぶ／人目につく／人目にさらす／人目をはばかる／人目がうるさい／人目を盗む／人前を繕う／人前をはばかる／人の顰蹙《ひんしゅく》を買う／人手にかかる／人を担ぐ

このように「人」は他人であり、己を他者である「人」の中の一員とは考えない。あくまで己と対立する相手、外人間、そこに聞き手も含まれる。この「自己対他者」の区別は、「内対外」の峻別でもある。「己」に対する「相手」の相対意識は、己の視点を基準にとらえようとするため、日本語では、相手や他の人々を指すのに、「己」中心の対人呼称を取る。いわゆる人称の代名詞を見ると、「あなた、そなた、あいつ、こいつ、あの方、あちらさん、彼、彼女」等、〝己〟を基準とした指示詞によってまかなわれる。「そなた」は古めかしい語であるが、「そちらのほう」という方向指示で相手を示す。

「彼」も「かれ／かなた／かしこ」など、やはり指示の言葉で、「あれ」に相当する。己自身でさえも「こちらの言うことも聞きなさい。」「こちとら一向にうだつが上がらない。」など指示語で表すことも可能である。いかに己の視点を中心に、それを基準にして外の世界をとらえているか。人称呼称はその一つの表れである。

外は内と一線を画するという思想の意味するもの

他の人々（世間）を指す「外」は、己の観念を左右し支配する上位者である。と同時に、己（内）と隔てられた対象でもある。支配の及ぶ上下の関係と、己との隔たり具合を指す親疎の関係、この二つを基本として、〝上・疎〟の関係にある相手（外人間）には、人間関係に隔てを置き、はっきりした物言いは避けるべきだと考える。〝下・親〟の関係にある相手は気の置けない「私たち」「我々」としてとらえる内人間である。

さて、このように周りの人々を内人間と外人間とにふるい分けする心理が、人に接する際に常に付きまとう。そして、目上やさほど親しくない相手には、気やすく話を交わすことにためらいを感じ、あからさまな物言いを避けるべきだと考える。ここでは、あからさまは「悪」、はっきり言っては身も蓋もないという、相手への失礼さが念頭にある。その結果、「お車が参ったようです。」といった文末を濁す婉曲な言い方が良しとされ、これが敬語表現へと発展していく。日本文化に見られる〝寡黙の美〟とか〝余情〟とか、極端に言葉を節約した物言いを「善」とする考え方、『古今和歌集』ではないが、「心余りて、言葉足らず」の控えめの美しさ、「以心伝心」「一を聞いて十を知る」ことに良さを見出だす。こうした寡黙さを「奥床しい」とする、いわゆる「余白の美」なのである。さらに、外人間への遠慮・敬遠意識の発達は己を表に出すことを控えさせ、自己を低めて相手を立てようとする。そこから〝謙譲の美徳〟の精神も生まれる。

その対極にある冗舌やいらぬ自己宣伝は「悪」とみなされ、軽薄なお喋りを極端に敬遠する。諺にも、そういったしゃべり過ぎを戒めるものが日本語には多い。

○雉も鳴かずば撃たれまい／沈黙は金／深き流れは波立たず／鳴く猫は鼠を捕らぬ／もの言えば唇寒し秋の風／言わぬが花／能ある鷹は爪を隠す

それが外国人からすると、日本人は取っ付きにくい、何を考えているのかわからないという感想となり、あらぬ批判を招く結果ともなっている。

その外、日本語に見られるさまざまな特色、例えば、待遇表現や省略表現の発達もそうだし、その外、間接的な表現や婉曲叙法、

「よしなに頼む／適当によろしく／あからさますぎては身も蓋もない／出来ることなら、そういたしたいのですが／考えておきましょう／いや、その件は……／もしかしたら……／実を言うと……

／それが実は……／だからといって……／〜と思われる／〜と言われている」

など間接表現の多用を促す。敬語の発達も共通の地盤にある。また、否定表現・二重否定の発達によって、文裏に潜む含みの意味や強調が自在に行なわれ得るのも、日本語の特色の一つだろう。「お礼の申しようもありません／行かないこともないが／するもしないもないじゃないか」など。

○「借りも貸すも、そんなこと。……第一、これ、誰のお金ってこともないじゃァないか」

（里見　弴「みごとな醜聞」）

○「毎日同じきものをきているからいかん。たまには生活を変えろ」とおっしゃる。変えるも変えないもないもんです。ぼくは勤め人ですから洋服がなければ、会社へは行けない。

（清水きん『夫山本周五郎』）

○この三ぺい君飯を食うの食わないのって非常な大食いでしたが、たゞ御飯だけでなく、お汁を御飯と同じ数だけ平らげるのですから驚く外はありません。

（夏目鏡子『漱石の思い出』）

さらに推量表現の発達や、外の事態を内なる己が受けとめる日本語副詞の情意性等、挙げれば切りがない。

「やっぱり／案の定／てっきり／なるほど／ひょっとすると／どうやら／よもや／まさか／もしや／恐らく／きっと／さぞ／せめて／どうせ／あいにく／まんまと／まんざら」など。

己れを隠す思想が「裏」に通ずる

日本語において「己」（すなわち「私」）は表現の背後にあって、他者（公）からは見えない存在である。表現主体が隠れているのである。すでに何度も述べたように、己の側は「内」であり、日本語で自身のことを「うちそんなこと聞いてません。」「うちの奴、寝坊でね。」のように「うち」で表したり、己を含めた家庭を「うちでは朝はパンだ。」「うちは三人家族だ。」で表したり、あるいは、その家族の生活の場、家の建物や自宅の領域までも「うち」でとらえて、「あの赤い屋根のうちがぼくのうちだ。」「うちには松の木がある。」と言ったり、己の領域を離れて家屋一般にまで「うち」が用いられるようになる。

○お家が　だんだん　遠くなる　遠くなる　今きたこの道　かえりゃんせ　かえりゃんせ

（野口雨情「あの町この町」）

さて、「内」は「裏」に通じ、「外」は「表」に通ずる。「おもてで遊びなさい。」「地震でおもてに飛び出す。」など、まさに「おもて」は外だし、「内」は己の側で、世間から仕切りで隔てて他人に見せたくない内輪の世界だ。内と外とで一線を画するということはすでに触れたが、自己側のことは内側のこととして、人の目に触れないよう心遣いをする。「内輪話、内輪もめ、内輪に見積もる」など、人に知られたくない世間から隠す裏側の事情だ。己の内輪を他人に見せることにこだわりを持つ日本人の感覚は、結果として感情を顕にしないことを「善」と見る価値観を生み出す。

一方、「外」は世間の目につく晴れがましい場面と考えられるから、外づらを良くする思想が自ずと芽生える。「表を飾る、見栄えがする、見場がよい」など皆、世間体を気にした思想から生まれる日本語だ。そして、私（内）を公（外）から隠して表立たないようにする、〝己を隠す思想〟〝隠す文化〟がそこから生まれてくる。例えば、日本の着物に見る和服と洋服の違い。己の体つきを隠す役割の和服に比べ、洋服は身体の線を際立たせ、肉体美を引き出すあらわな服装と見ることも許されよう。己側を隠し、外づらだけでも世間にあわせて、波風を立たせないよう腐心する。そこから、

「郷に行っては郷に従え」「長い物には巻かれろ」

といったような、無理にでも内を外に合わせようとする思想も生まれ、「住めば都」で、順応することを自然の成り行きと考える。「なじむ、慣れる、倣う」といった努力を要する行為の言葉や「人の顔色をうかがう、日和見的、風見鶏、波風を立てない、事を丸く収める、（人に）おもねる、へつらう、媚びる、追従する、おべっかを言う」などの、己の考えを隠し、世間や上位者に従おうとする没自己

の生き方も同じ土俵から生じたものであろう。特に自分が悪くもないのにすぐ「すみません」と謝る日本人。他者の領域に入ることへのこだわりから、他家や商店を訪ねた折、相手を呼ぶのに「御免ください。」「御免なさい。」とか「すみません。」と断る習慣。謝っているわけではない。近ごろは携帯電話のメールでも「ごめんね。」で始める若者が多いと聞く。同じ発想からであろう。店員を呼びつけたり、人の間に割って入ろうという時など、よくこの「すみません」「すみませんが」を耳にする。己が他者の世界に加わろうという、まさに「郷に行っては郷に従え」の精神である。

三、下位者の論理と日本語

「世の中」に対する日本人の考え方は、客体界（外）に己も含めて人々がいるという対等の並列関係（横の関係）ではない。外の人々（世の中）に支配された自分（内）がいるという上下（縦）の関係である。そこでは、相手を外人間扱いする対立的関係と、相手も己の側に属すると考える融合的関係とが生まれる。これら縦関係の意識においては、「わが〜」と言っても「私の〜」という所有の意識ではない。己は世の中にとらわれている下位者との意識が濃厚である。「わが国」とか「わが社」といっても、決して自分は国家元首でも社長でもない。その社会の底辺を支える一員にすぎない。つまり、「個」はあくまで全体の底辺の一部との意識であり、「個」の意見は出せない、自己主張は悪であるとの思想を内に持つ。そこから隠す文化や、ぼかし言葉・婉曲表現等を発達させていくのだが、これらはいずれも縦の社会論理に発している。だから、それに反する横の論理、己を含めた各自の「個」が集合体して組織全体を構成するという社会構造意識は日本語、いや、日本人には、欠如している。この点で、特に西欧社会に暮らす人々とは、国際感覚に明らかな相違が見られる。横の関係ではなく縦の関係にある日本社会では、「横」は悪との観念をどうしても拭いきれない。「横」の表す意味には常にマイナスの観念が付きまとってしまう。「横」の付く日本語の例を見よう。

【例】　横滑り／横流し／横這い状態／横恋慕／横取り／横道にそれる／横車を押す／横から口を挟むな／横槍を入れる

いずれも本道でない「わき」の観念が加わり、好ましくないこととの意味合いが含まれてしまう。「横」を「わき」に置き換えて、「わき道にそれる」「わきから口を挟む」とも言えることが、このことをよく物語っている。

縦を良しとし、横を嫌う日本の社会では、例えば会社での人事異動でも、縦の異動つまり昇進を良しとし、横の移動は「左遷」とか「島流し」として、マイナスのレッテルを貼られてしまう。諸外国で「転身」や「移籍」ないしは「引き抜き」が、当人の社会的ステータスを高めるのとは大違いである。（もっとも、縦の移動でも「天下り」「下野」など下方への動きは好ましくないが。）

縦関係における「個」は、あくまで全体の底辺に位置するとの意識ゆえ、全体（公）に拘束された

〝私〟意識が日本人には常に付きまとう。面の中の点意識と言い換えてもいい。そのため、私たちはまず全体像を頭に描き、いかにすればそれへとそつなく到達することが出来るか、その過程を問題とする。例えば、文章や手紙を書くとき、まず全体のまとまりを構想して、次に冒頭からの道筋をどう付ければ所期の目的にうまく行き着けるか。全体が先にあって、個々の部分は後から模索していく。書簡文指南など手紙の書き方を教える参考書があるというのも、「前文・本文・後書き」と書簡全体の筋書きの在り方を詳しく指導して、後は各自の事情に合ったよう個々の部分を埋めて行けばいいという、まさに〝全体→部分〟様式の手本のような例である。そういえば、日本の式次第もそうだ。初めにシナリオが出来ていて、順番に進めていけば、個々の部分はそつなくこなしていける。対談・インタビューなどの生放送でさえ、出たとこ勝負を避けて、取り上げる項目をメモした順番どおりに話を進めていこうとする。日本的な談合や根回しといった蔭の行為も、失敗を恐れる気分、結末が予想できないことへの不安から生まれた悪弊であろう。とにかく、出たとこ勝負は準備不足で勇気の要ることだし、あらかじめ全体像をイメージして結末へのシナリオを用意しておくことを怠れば、仕事に不熱心だとの謗りは免れない。それが日本社会の通念である。

似たことは教育の現場においても見られる。例えば、国語教育における読解や作品鑑賞、国語の試験問題形式なども、作品や抜粋された文章をまず念頭において、部分は作品分析の形で、段落同士の関係や、指示語で受ける事柄の詮索や、解釈のキーワードとなる語を捜し出すなど、全体における個を、それもマクロな文章範囲の中でどのような位置を占め、どのような役割を担っているかを問題とする。冒頭から順番に筆を進めていくべき作文教育においてすら、部分から発していかに展開を進めて結末に至り着くか、その過程を考えさせたり評価したりすることをせず、ただ全体としての文章のまとまりや、主題の善し悪し、取り上げた話題の問題性など、要するに出来上がった作品の全体像しか評価の対象としないのだ。

全体から始まって、次第に範囲を狭めていって、最終的に個へと行き着く。日本人社会の至る所に、このようなマクロからミクロへの視点の絞り込み現象が見出だされる。〝家〟単位に「姓」から始めて〝個〟に当たる「名」へと進める日本人の姓名の記述方式。年月日の順に〝時〟をとらえる発想。より広い上位の単位の「都道府県」から始まって「市町村・番地」と袋状に閉じた領域を狭めて、最終的に我が家に行き着く日本の地番など、例を挙げれば切りがない。いかに日本人は、全体を念頭に「個」を考えるかの証拠だろう。これは恐らく周囲を海に仕切られた日本国という島国に生活する民族の宿命なのではなかろうか。〝初めに日本列島ありき〟。「個」は視野を絞っていけば必ず行き着く。そこが視点の終着点だ。

これが広漠とした果てしない大陸の民であったなら、どうであろう。まず全体を見つめることなど不可能だ。〝初めに己ありき〟である。当然、個から始まって次第に視野を広げていかざるを得ない。行き着く全体像などイメージすること自体不可能だ。どのように展開していくかも予想がつかない。このような発想法だと、収拾のつかない結末を迎える危険性もあるが、時には思いもよらぬ大発見を期待することも可能である。日本的な閉じた領域を狭めて「個」が終着点となる発想には発見はない。

が、「道」を基準とする外国の地番方式、どこへでも移動の自由な拡大型の発想は、「すべての道はローマに通ず」で、意外な成功の結末へと辿り着く可能性を秘めている。このへんで、日本のこれまでの考え方を見直してみるのも、無駄なことではないであろう。

あとがき

ここで、本書をまとめるきっかけとなった状況について触れておこう。

だいぶ前の話になったが、二〇〇四年のある日、野村雅昭氏より語彙・辞書研究会で何か話をするようにとの依頼があった。著者はかつて『基礎日本語』三冊で日本語の基礎的な和語を取り上げて、その意味や用法について細かく解説したことがあるのだが、それは後に『基礎日本語辞典』として一冊にまとめられている。その、辞典作成を通して得たさまざまな問題を紹介風に話してはもらえないか。きっと若い研究者の参考になるであろう。そのような主旨の依頼を受け、この機会に、過去にまとめた各収録語のデータ資料を整理してみるのも悪くはないと、そのように考えて、講演を引き受けることにしたのである。そして、同年の六月二六日に開催された発表会の折、「ことばの意味分析・意味記述から見えてくること」の演題で講演を行なったのであるが、このまま話しっ放しにしておくのは、いかにも心残りで残念である。著作物としてまとめてみてはと、助言してくれる者もいる。何とか文字の形にして、広く大勢の方に読んでもらうことは出来ないものか。そのように考えて、書き下したのが本書である。

講演の折にも触れたのであるが、ことばは言語行為としての運用にその本質が現れ、話し手である人間のフィルターによって、さまざまに色づけがなされていく。使用している人間を抜きにしては、ことばの問題は語れない。談話・文章は言うに及ばず、文法や意味の問題も、使い手である人間の視点に焦点を合わせて眺めていくと、意外な事実に気づかされるものである。すなわち、従来述べられていた文法的・意味的特質とはまた異なった側面が浮かび上がってきて、新たな発見を与えてくれる。「ことばの意味分析・意味記述から見えてくること」とは、まさにこのことを指すのだが、研究の出発点である話し手・聞き手の対立・融合の差による思考パターンがいろいろと姿を変えて、文法や意味の諸問題に対処する研究者の分析のメスに量り知れないほどの示唆を与えてくれる。そのような、著者の長年の研究生活の中から感得した事柄を、『基礎日本語辞典』作成における経験談を通して聴衆に訴えたのが語彙・辞書研究会での話の基本精神であった。

限られた時間内での講演には、話すべき内容にもおのずと制限がある。これを書物にまとめるに際して、新たに付け加えた事項も多く、また、細部にわたってより詳細で丁寧な解説を付し、用例や経験談も加えて、親しみやすく読みやすいよう心を致した。本書を通して、著者の意図する日本語の正しい姿の理解力と、日本語を分析する確かな目とを身に着けていただければ、著者望外の幸せである。なお、拙い講演の主旨を理解し、本書の出版を快く引き受けて、当日の参加者以外の方々に広く著者の考えを披瀝する機会を与えてくださった、ひつじ書房社長 松本功氏に感謝のことばを捧げたいと思う。

二〇〇六年八月

著者

【著者紹介】

森田良行（もりた よしゆき）

1930年1月東京生まれ。早稲田大学大学院修了。2000年、早稲田大学を定年退職。現在、早稲田大学名誉教授。博士（文学）。
主要研究書は、『基礎日本語辞典』（角川書店）、『日本語の類義表現辞典』（東京堂出版）、『外国人の誤用から分かる日本語の問題』（明治書院）、『日本語の視点』（創拓社）、『日本語をみがく小辞典』（全3巻、講談社現代新書）、『日本人の発想、日本語の表現』（中公新書）、『言語活動と文章論』（明治書院）、『動詞の意味論的文法研究』（明治書院）、『意味分析の方法』（ひつじ書房）、『日本語文法の発想』（ひつじ書房）。

話者の視点がつくる日本語

発行　2006年12月5日　初版1刷
　　　2019年2月21日　　　2刷
定価　2400円＋税

発行者　松本功
装丁　大崎善治
印刷所　三美印刷株式会社
製本所　株式会社 星共社
発行所　株式会社 ひつじ書房
〒112-0011 東京都文京区千石2-1-2 大和ビル2F
Tel.03-5319-4916 Fax.03-5319-4917
郵便振替 00120-8-142852
toiawase@hituzi.co.jp　http://www.hituzi.co.jp/

ISBN978-4-89476-335-7　C3081